LANGENSCHEIDTS SPRACHFÜHRER JAPANISCH

mit
Reisewörterbuch
Deutsch–Japanisch

LANGENSCHEIDT
BERLIN · MÜNCHEN · WIEN · ZÜRICH · NEW YORK

Herausgegeben und bearbeitet von der Langenscheidt-Redaktion
Neubearbeitung und Übersetzung:
Sumako Asakura und Dr. Wolfgang Lemm

Langenscheidts Sprachführer Japanisch enthält:

— Redewendungen und Wörter für die Reise in Hepburn-Umschrift
— Wichtige Aufschriften und Hinweise mit japanischen Schriftzeichen
— Eine Kurzgrammatik der japanischen Sprache
— Eine Einführung in Schrift und Aussprache des Japanischen
— Ein deutsch-japanisches Reisewörterbuch im Anhang

Auflage:	5.	4.	3.	2.	Letzte Zahlen
Jahr:	1992	91	90		maßgeblich

Druck: Druckhaus Langenscheidt, Berlin-Schöneberg
Printed in Germany
ISBN 3-468-22191-6

Wo ist mein Gepäck?
watáshi no nímots^{u} wa doko des^{u} ká?

***Wann (Wo)* treffen wir uns?**
nanji ni (doko de) aimashṓ ká?

Wo kann ich … mieten?
… wa doko de karirarемás^{u} ká?

Können Sie mir … leihen?
… wo o-kari dekimás^{u} ká?

Können Sie das reparieren?
naosemás^{u} ká?

***Geben (Zeigen)* Sie mir bitte …**
… wo *kudasái (miséte-kudasái)*!

***Eine Karte (Zwei Karten)*, bitte!**
kippu *íchimai (nimai)* kudasái!

Wie spät ist es?
ima nanji des^{u} ká?

Gestern.
kinō.

Heute.
kyō.

Morgen.
ásh^{i}ta.

In acht Tagen.
ato isshūkan dé.

In *einer Stunde (zehn Minuten)*.
ichi-jikan go (jippun ato de).

Nächste Woche.
raishū.

Vor *zwei Stunden (fünf Minuten)*.
ní-jikan (go-fun) mae.

Vorige Woche.
senshū.

Ich *will (kann)* nicht.
hósh^{i}ku nai (dekinái).

… ist nicht in Ordnung.
… wa kurútte-^{i}mas^{u}.

Herein!
dōzo!

Einen Moment, bitte!
chotto matte-kudasái!

Herr Ober!
sumimasén!

Fräulein!
sumimasén!

Ich möchte zahlen!
o-kanjō o-negái shimás^{u}!

Lassen Sie mich in Ruhe!
jama shináide-kudasái!

Hilfe!
tas^{u}kéte!

Holen Sie schnell einen *Arzt (Krankenwagen)*!
hayáku *isha (kyū́kyūsha)* wo yonde-kudasái!

---

ch = tj; e = ä; hy + Vokal = (i)ch; j = dsch; ng = ng + g; s = ß; sh ∼ sch

Zu diesem Sprachführer
ist auch eine

Begleit-Cassette

erhältlich, die in der Reihenfolge
Deutsche Wendung –
Wendung in der Fremdsprache –
Pause zum Nachsprechen
das Wichtigste (etwa 400 Wendungen
und Wörter) zum Hören und Üben enthält.

Die Begleit-Cassette eignet sich
zum Studium vor dem Urlaub,
zum Hineinhören in die fremde Sprache
sowie zum Üben unterwegs.

INFORMATION

HINWEISE FÜR DEN BENUTZER

Dieser Sprachführer bietet Ihnen alle auf der Reise und im Alltag des fremden Landes erforderlichen wichtigen Redewendungen und Wörter mit durchgehender Aussprachebezeichnung. Eine übersichtliche Gliederung macht seine Benutzung denkbar einfach, so daß Sie Ihre Fragen und Wünsche mit Hilfe der gebräuchlichen und praktischen Wendungen dieses Buches rasch und klar zum Ausdruck bringen können.

Wir geben Ihnen zunächst einige allgemeine Hinweise über den Aufbau und Inhalt des Sprachführers.

Aufbau des Sprachführers

Wir haben den gesamten Stoff in 19 Kapitel gegliedert. Nach dem Kapitel mit allgemeinen Redewendungen und Wörtern folgen Kapitel über das Reisen mit den verschiedenen Verkehrsmitteln, über Unterkunft und Verpflegung, über andere Fragen, die Ihnen in einem fremden Land begegnen werden, über Einkäufe, über den Umgang mit Behörden, über Gesundheit, kulturelle und sportliche Veranstaltungen und Vergnügungen. Im Anhang finden Sie die Zusammenstellung der wichtigsten Hinweise und Warnungen, der Maße und Gewichte und der Farben.

Sie werden selbst bemerken, daß die deutschen Redewendungen und Wörter schwarz und fett gedruckt sind, die japanischen dagegen rot.

Gelegentlich haben wir zwei Sätze zusammengefaßt und dabei die auszutauschenden Wörter oder Satzteile durch Schrägdruck gekennzeichnet. Ein Beispiel: Zu „Wann wird *geöffnet (geschlossen)*?“ gehört die Übersetzung „nanji ni *kaiten (heiten)* shimas^{u} ká?“ Das bedeutet: „Wann wird geöffnet?“ heißt „nanji ni kaiten shimas^{u} ká?“, und „Wann wird geschlossen?“ heißt „nanji ni heiten shimas^{u} ká?“

Allgemeine Bemerkungen, die Ihnen helfen sollen, sich im fremden Land richtig zu verhalten und seine Besonderheiten zu verstehen, haben wir rot umrandet. Schwarz umrandet finden Sie Hinweise und Aufschriften, die Ihnen begegnen werden.

Ein Sternchen (*) zu Beginn eines Satzes deutet an, daß es sich um einen Satz handelt, den Sie von Ihrem Gesprächspartner hören können.

Angaben zur Aussprache des Japanischen

Eine ausführliche Erklärung der Aussprache des Japanischen finden Sie auf den Seiten 8–11.

Übersicht über die Grammatik

Wenn Sie sich zumindest einige Grundkenntnisse der Grammatik aneignen wollen, dann können Sie von der auf den Seiten 192–199 kurzgefaßten Zusammenstellung der wichtigsten grammatischen Erscheinungen Gebrauch machen. Abgesehen davon, daß Sie damit einen Einblick in den Aufbau der japanischen Sprache erhalten und die im Sprachführer angegebenen Sätze und Wendungen besser verstehen, wird es ihnen auch möglich sein, einige einfache Sätze selbst zu bilden.

Reisewörterbuch

Das Reisewörterbuch im Anhang bietet Ihnen eine gute Hilfe, wenn Sie die japanische Übersetzung von einzelnen Wörtern oder wichtigen Wendungen schnell finden wollen. Die Übersetzungen sind jeweils mit Seitenverweisen auf den Hauptteil versehen, so daß dieses Wörterverzeichnis Ihnen zugleich als Sachregister dienen kann.

INHALTSVERZEICHNIS

DIE AUSSPRACHE DES JAPANISCHEN

Für die europäische Umschrift des Japanischen bestehen zwei Schriftsysteme. Das eine, das Nippon-siki, dem Sie manchmal begegnen können, wird fast nur in Japan, und zwar als Lesehilfe für ausländische Studierende oder für internationale Umschreibungen benutzt. Die Hepburn-Umschrift hat sich dagegen im Ausland durchgesetzt. Sie gibt die Lautqualität und die Aussprache des Japanischen ziemlich deutlich wieder, so daß im vorliegenden Sprachführer auf eine durchgehende Ausspracheangabe in der internationalen Lautschrift verzichtet werden kann. Zusätzlich wurden nur das Zeichen für den Wortakzent (′) sowie zur Andeutung der Schwundvokale die hochgestellten Buchstaben ^{i}, ^{o}, ^{u} eingeführt.

Für die Aussprache des Japanischen nach der Hepburn-Umschrift gilt die Regel, daß die Vokale mehr oder weniger wie deutsche Vokale, die Konsonanten hingegen, soweit sie von den entsprechenden deutschen abweichen, wie englische Konsonanten auszusprechen sind. Alle Vokale, die nicht das Längungszeichen ¯ tragen, sind kurz. Die mit diesem Zeichen versehenen Vokale sind hingegen deutlich lang zu sprechen, da viele Wörter mit unterschiedlicher Bedeutung in der Aussprache nur in der Silbenlänge voneinander abweichen.

Die Vokale

Kurze und lange Vokale werden, mit Ausnahme von **i**, offen ausgesprochen. Folgen zwei verschiedene Vokale aufeinander, behält jeder Vokal seinen Lautwert.

Kurze Vokale:

a helles **a** wie k**a**lt
e immer offen wie in B**e**tt, auch am Wortende
i geschlossenes **i** wie in B**ie**ne, aber kurz
o offenes **o** wie in K**o**pf
u offen wie in H**u**nd, aber mit leichtem **ü**-Klang; die Lippen sind dabei weniger gerundet als im Deutschen.

Lange Vokale:

ā wie in B**ah**n
ē langes **ä** wie in J**ä**ger

ī langes **i** wie in v**i**el. Diese Schreibung gilt nur für Wörter europäischen Ursprungs. Rein japanische Wörter mit gleichem Lautwert werden **ii** geschrieben.

ō langes, offenes **o**, nicht wie in Ofen, sondern wie in **o**ffen, aber lang

ū ungerundetes, langes **u** mit leichtem **ü**-Klang

Tabelle der japanischen Silbenschrift

1. Reihe: *Katakana*, 2. Reihe: *Hiragana*, 3. Reihe: *Hepburn-Umschrift*

1.	ア	カ	サ	タ	ナ	ハ	マ	ヤ	ラ	ワ	ン	ガ	ザ	ダ	バ	パ
2.	あ	か	さ	た	な	は	ま	や	ら	わ	ん	が	ざ	だ	ば	ぱ
3.	a	ka	sa	ta	na	ha	ma	ya	ra	wa	n	ga	za	da	ba	pa
1.	イ	キ	シ	チ	ニ	ヒ	ミ		リ			ギ	ジ	ヂ	ビ	ピ
2.	い	き	し	ち	に	ひ	み		り			ぎ	じ	ぢ	び	ぴ
3.	i	ki	shi	chi	ni	hi	mi		ri			gi	ji	ji	bi	pi
1.	ウ	ク	ス	ツ	ヌ	フ	ム	ユ	ル			グ	ズ	ヅ	ブ	プ
2.	う	く	す	つ	ぬ	ふ	む	ゆ	る			ぐ	ず	づ	ぶ	ぷ
3.	u	ku	su	tsu	nu	fu	mu	yu	ru			gu	zu	zu	bu	pu
1.	エ	ケ	セ	テ	ネ	ヘ	メ		レ			ゲ	ゼ	デ	ベ	ペ
2.	え	け	せ	て	ね	へ	め		れ			げ	ぜ	で	べ	ぺ
3.	e	ke	se	te	ne	he	me		re			ge	ze	de	be	pe
1.	オ	コ	ソ	ト	ノ	ホ	モ	ヨ	ロ	ヲ		ゴ	ゾ	ド	ボ	ポ
2.	お	こ	そ	と	の	ほ	も	よ	ろ	を		ご	ぞ	ど	ぼ	ぽ
3.	o	ko	so	to	no	ho	mo	yo	ro	o		go	zo	do	bo	po

Diphthonge:

Diphtonge oder Doppelselbstlaute werden, mit Ausnahme von **ei**, das wie langes **e** mit schwachem **i**-Nachschlag zu sprechen ist, getrennt gesprochen, wobei der erste Vokal stärker betont wird.

Schwundvokale:

Die Vokale **i, o** und **u** wurden in den Satzbeispielen in den Fällen, wo sie kaum hörbar ausgesprochen werden, hochgestellt. Schwundvokale (auch Flüstervokale genannt) kommen besonders häufig bei Verbalsuffixen vor, aber auch in europäischen Fremdwörtern mit zwei oder mehreren aufeinanderfolgenden Konsonanten (*Marx* wird dementsprechend Mar^{u}k^{u}s^{u} umschrieben und ausgesprochen). Die Weglassung der Tonfülle gilt bei **i** nach **ch**, **h** und **sh** und bei **u** nach **f**, **g**, **k**, **s** und **ts**, doch muß der Schwundvokal hörbar bleiben, so daß keine Zusammenziehung mehrerer Konsonanten erfolgen kann. Manchmal kann er sogar Akzentträger eines Wortes sein.

Die Konsonanten

Einfache Konsonanten:

Die Konsonanten **b**, **d**, **k**, **m**, **p** und **t** lauten wie im Deutschen, doch muß darauf geachtet werden, daß man sie nicht aspiriert. **k**, **p** und **t** klingen daher etwas schwächer.

Von der deutschen Aussprache weichen ab:

- **f** ein Mittellaut zwischen **f** und **h**, der mit gerundeten, jedoch nicht zusammengepreßten Lippen erzeugt wird.
- **g** im Wortanlaut wie deutsches **g**, als Silbeninlaut sowie in der Partikel **ga** meist wie deutsches **ng** in la**ng**; das **g** darf jedoch nicht gehört werden.
- **h** wie deutsches **h**, vor **i** aber wie in „**Ch**ina" gesprochen, und zwar als Klangeinheit („silbisches **ch**").
- **j** wie englisches **g** in **G**ermany bzw. stimmhaft wie **j** in **J**ournal, aber mit **d**-Vorschlag, etwa wie **Dsch**ungel.
- **n** am Wortanfang und im Wortinnern wie deutsches **n**, am Wortende aber **ng** gesprochen. Geschriebenes **ng** hingegen hat die Aussprache **ng** + **g**.
- **r** ein einmal gerolltes Zungenspitzen-**r**, klanglich ein Mittellaut zwischen **l**, **r** und **d**. Da deutsches **r** für Japaner schwer verständlich ist, empfiehlt es sich, bei Ausspracheschwierig-

keiten deutsches **l** zu verwenden. Dieser Laut existiert im Japanischen zwar nicht, doch steht er dem Zungenspitzen-**r** am nächsten. Aus diesem Grunde werden europäische Wörter mit japanischem **r** transkribiert. London wird z. B. **Rondon.**

s immer stimmlos wie deutsches **ß**.

w kommt im Japanischen nur in der Verbindung **wa** vor und ähnelt englischem **w**, ist also ein mit der Mundstellung des **u** ausgesprochenes **w**.

y ein Halbvokal wie englisch **y** bzw. deutsches **j**. Nach **b, g, h, k, m, n, p** und **r** wird es als Lauteinheit gesprochen, wobei **hy** + Vokal die gleiche Aussprache hat wie **ch** in „**China**" (siehe oben).

sh heller als deutsches **sch**. Die Zunge ist flach, die Lippen sind etwas gespreitzt, so daß die Aussprache sich deutschem **ch** in **ich** nähert.

ch japanischer **sh**-Laut + **t**-Vorschlag, etwa wie **tj** in **tja**!

ts wie **z** in Zucker

z immer stimmhaft wie **s** in **Sense**

Doppelkonsonanten:

Doppelkonsonanten werden entweder durch Doppelung oder durch **t**-Vorschlag ausgedrückt und besonders gesprochen. Ein deutsches Gegenstück gibt es nur in Doppelungen aus Wort- oder Wortteilverbindungen, z. B. in Stü**ckk**osten, Ro**tt**anne. Schreibweise der japanischen Verschlußlaute: **kk, mm, nn, pp, ssh, tt, tch, tts**; in englischen Fremdwörtern kommen auch **gg, jj** u. a. vor. Eine flüchtige Aussprache verdoppelter Konsonanten kann sinnentstellend wirken.

Wort- und Satzakzent

Einen Wortakzent wie das Deutsche kennt das Japanische nicht, denn die einzelnen Silben werden **gleichmäßig** gesprochen, und nur die langen Silben sind etwas mehr zu betonen. Die angegebenen Akzentzeichen verweisen dabei nur auf eine höhere Tonlage (nicht auf eine stärkere Schallfülle), die die Silbe innerhalb des Satzes hat. Beim langsamen Sprechen empfiehlt es sich, die Partikel **wa, ga, ni, o, e, made** usw. zu betonen (Ausnahme: die Genitivpartikel **no**), die einem Substantiv folgen. Merke vor allem die Fragepartikel **ka** am Satzende, die aufsteigenden Ton verlangt.

ALLGEMEINES

Begrüßung

Guten Morgen!
ohäyō (gozaimas^{u} *höfl.*)!

Guten Tag!
kón'nichi wá!

Guten Abend!
kónban wá!

Hat man sich längere Zeit nicht gesehen, so sagt der Japaner oft: o-hisashiburi desu ne *(Es ist schon lange her, nicht wahr?)*. „Auf Wiedersehen!“ *heißt* sayōnara *(Wenn es denn so ist ...)*. *Kommt man bald wieder zum Gesprächspartner zurück, sagt man:* itte-kimasu *(Ich gehe und komme [zurück])*.

***Herzlich willkommen!**
irásshaimase!

***Wie war *die Reise (der Flug)*?**
go-ryókō (furáito) wa ikága desh^{i}ta ká?

***Wir begrüßen Sie herzlich an Bord der ...**
... ni *go-tōjō (Schiff: go-jōsen)* kudasaimash^{i}te makóto ni arígatō gozaimas^{u}.

Es freut mich sehr, Sie zu sehen!
hajímemash^{i}te!

Wie geht es (Ihnen)?
o-génki des^{u} ká?

Danke gut.
dōmo, o-kágesama de.

Und Ihnen?
anáta wá?

Wie geht es Ihrer Familie?
go-kázoku wa o-génki des^{u} ká?

Wir sind etwas müde.
s^{u}kóshi ts^{u}káremash^{i}ta.

***Wir fühlen uns (Ich fühle mich)* ausgezeichnet.**
totémo genki des^{u}.

Vielen Dank (für den herzlichen Empfang)!
dōmo arígatō gozaimas^{u}.*)

---

*) dōmo arígatō gozaimasu *(Vielen Dank) reicht für die meisten Anlässe.*

Anreden

> *In Japan üblich: Familienname + Vorname + Anrede.* -san *(sehr höflich* -sama*) ist die Anrede für Herr, Frau und Fräulein. Respektspersonen werden auch mit* sensei *(= Lehrer) angesprochen.*

Herr Doktor Sato	Satō-*hakase*/*-sensei*
Herr Professor Kishida	Kishida-kyōju
Herr Ober!	bōi-san!
Fräulein! *(zur Kellnerin)*	ueitores^{u}-san!

In Briefen:

(Sehr geehrter) Herr Tanaka	(haikei) Tanaka-*san*/*-sama*
(Sehr geehrte) Frau Tanaka	(haikei) Tanaka-*san*/*-sama*
Lieber Taro	shin'ai-naru Tarō-san
Liebe Hanako	shin'ai-naru Hanako-san

Bekanntschaft

Ich heiße ...
(watashi wa)[1]) ... to mōshimas^{u}.

Sehr erfreut!
hajimemash^{i}te!

Das ist meine *Frau (Tochter, ältere Schwester, jüngere Schwester).*
kore wa watashi no *tsúma (musúme, ané, imōto)* des^{u}.

Das ist mein *Mann (Sohn, älterer Bruder, jüngerer Bruder).*
kore wa watashi no *otto (musuko, áni, otōto)* des^{u}.

Das ist *mein Freund (meine Freundin, mein[e] Verlobte[r]).*
kore wa watashi no *bōi-furendo*[2]) *(gāru-furendo, kón'yakusha)* des^{u}.

Ist das *Ihr Gatte (Ihr Sohn, Ihre Gattin, Ihre Tochter)*?
kono kata wa anata no *go-shújin (musuko-san, ókusama, musúme-san)* des^{u} ká?

Ich möchte Sie mit *meiner Frau (meinem Mann)* bekannt machen.
watashi no *tsúma (shújin)* o go-shōkai shimas^{u}.

---

1) ich, Sie, du *usw. werden oft weggelassen, wenn das Subjekt aus dem Kontext bekannt ist.*
2) *Freund(in) im Sinne von „Kamerad(in)" heißt* tomódachi.

Verzeihung, wie war der Name?
shitsurei des^{u} ga, namae wa nán desh^{i}ta ká?

***Wie lange bleiben Sie (Sind Sie allein)* hier?**
kochira ni wa *dóno gurai (o-h^{i}tori de)* oraremas^{u} ká?

Wir sind seit *einer Woche (zwei Wochen)* hier.
(watásh^{i}tachi wa) koko ni *isshūkan (nishūkan)* mae kara imas^{u}.

Gefällt es Ihnen bei uns?
kochira ga o-kí ni meshimash^{i}ta ká?

Es ist sehr schön hier.
koko wa totémo subarashii des^{u}.

Kennen Sie schon die *Stadt (Gegend)*?
kono *machi (hen)* o mō go-zónji des^{u} ká?

Wir machen hier Urlaub.
kochíra de kyūka o sugósh^{i}te imas^{u}.

Ich fahre weiter nach ...
kono ato ... e ikimas^{u}.

Woher kommen Sie?
dóchira kara irásshaimash^{i}ta ká?

Wo wohnen Sie hier?
dóchira ni o-sumai des^{u} ká?

Sind Sie *zum ersten Mal (schon lange)* hier?
kochíra *e wa hajīmete des^{u} (ni nágaku oraremas^{u})* ká?

Schreiben Sie mir Ihren Namen [und Adresse] auf.
(anáta no) o-námae [to jūsho] o káite kudasai.

Haben Sie noch etwas Zeit?
mō s^{u}koshi o-jíkan ga arimas^{u} ká?

Darf ich Sie abholen?
o-múkae ni ikimashō ká?

Ich zeige Ihnen viel Sehenswertes.
meisho o tak^{u}san go-án'nai shimas^{u}.

***Wann (Wo)* treffen wir uns?**
íts^{u} (dóko de) aimashō ká?

Darf ich Sie begleiten?
o-tómo shimashō ká?

Lassen Sie mich in Ruhe!
hottoite kudasai!

Besuch

Wohnt hier Herr/Frau ...?
...-san wa koko ni o-súmai des^{u} ká?

Ist Herr/Frau ... zu Hause?
...-san wa go-záitaku des^{u} ká?

Ich freue mich, daß Sie gekommen sind.
yoku irasshaimash^{i}ta.

Treten Sie näher.
dōzo kochira e.

Hier entlang bitte.
kochíra e dōzo.

Ich bin so frei *(= danke).*
shitsurei shimas^{u}.

Das ist für Sie. Es ist nichts Besonderes ...
kore o dōzo. ts^{u}máranai mono des^{u} ga ...

Sie beschämen mich *(= danke).
dōmo s^{u}mimasen.

Nehmen Sie bitte Platz.
dōzo o-káke kudasai.

Störe ich nicht?
o-jáma dewa arimasen ká?

Kennen Sie meine(n) ...?
watáshi no ... o go-zónji des^{u} ká?

Darf ich Ihnen etwas anbieten?
náni ka sashiagemashō ká?

Der Tee ist fertig.
o-cha ga háirimash^{i}ta.

Möchten Sie Tee?
o-chá wa ikága des^{u} ká?

Ich bin so frei *(= danke).*
itadakimás^{u}. *(beim Essen)*

Machen Sie sich keine Umstände.
dōzo o-kámai naku.

Vielen Dank für alles.
iroiro arígatō gozaimash^{i}ta.

Das nächste Mal müssen Sie uns besuchen.
kono tsugi wa watash^{i}tachi no tokoro ni o-ide kudasai.

Wunderbar. Ich komme sehr gern.
sore wa dōmo, yorokonde ukagawasete itadakimás^{u}.

Vielen Dank für die Einladung.
go-shōtai arígatō gozaimas^{u}.

Abschied

Auf Wiedersehen!
sayōnara!

Bis morgen!
mata ash^{i}ta!

Auf bald!
déwa mata!

Gute Nacht!
o-yásuminasai!

Für uns ist es Zeit zu gehen.
sórosoro o-ítoma shimas^{u}.

Ich möchte mich verabschieden.
(sórosoro) o-ítoma shimas^{u}.

Es ist schon spät.
mō osoi des^{u}.

Ich hoffe, wir sehen uns bald wieder.
íts^{u} ka mata o-ái sh^{i}tai des^{u}.

Kommen Sie bald wieder.
mata dōzo.

Wann können wir uns wiedersehen?
íts^{u} mata o-ái dekimas^{u} ká?

Ich rufe morgen an.
ash^{i}ta o-dénwa shimas^{u}.

Kann ich Sie anrufen?
o-dénwa sh^{i}te mo íi des^{u} ká?

Wir werden Sie erwarten.
o-máchi sh^{i}te imas^{u}.

Wir kommen bestimmt noch mal.
kanárazu mata kimas^{u}.

Ich schreibe Ihnen.
o-tégami o dashimas^{u}.

Entschuldigen Sie die Störung *(= vielen Dank für alles)*.
o-jama shimash^{i}ta.

Herzliche Grüße an Herrn/Frau ...!
...-san ni yorósh^{i}ku.

Alles Gute!
go-kígen'yō!

Bitte empfehlen Sie mich *Ihrer Gattin (Ihrem Gatten, Ihren Eltern)*.
ók^{u}sama (go-shújin, go-ryōshin) ni yorósh^{i}ku.

Bleiben Sie gesund!
o-génki de.

Gute Reise!
tanóshii go-ryókō o.

Allgemeine Fragen

Wann?
íts^{u}?

Wann *kann (soll)* ich kommen?
íts^{u} kimashō ká?

Warum?
náze? / dō sh^{i}te?

Was?
náni?

Was ist das?
kore wa nán des^{u} ká?

Was wünschen Sie?
go-kibō wá?

Was ist passiert?
dō shimash^{i}ta ká?

Was suchen Sie?
náni o sagash^{i}te imas^{u} ká?

In welchem Jahr?
nán-nen des^{u} ká?

Wem gehört das?
(kore wa) dáre no des^{u} ká?

Wen suchen Sie?
dáre o sagash^{i}te imas^{u} ká?

Wen soll ich darum bitten?
dáre ni tanómeba ii des^{u} ká?

Wer?
dáre?
höfl. dónata?

Wer ist das?
(kono h^{i}to wa) dáre des^{u} ká?
höfl. (kono kata wa) dónata des^{u} ká?

Wie?
dō?

Wie bitte?
nán des^{u} ká?

Wie lange?
dóno gurai (nagaku)?

Wie heißt *diese Straße (dieser Ort)*?
kono tōri (koko) wa nán to iimas^{u} ká?

Wieviel?
íkura?

Wie lange dauert das?
dóno gurai kakárimas^{u} ká?

Wieviel *bekommen Sie (ist es)*?
o-íkura des^{u} ká? *(Geld)*

Wieviel ist es?
dóno gurai des^{u} ká? *(auch Gewicht, Menge)*
ík^{u}tsu des^{u} ká? *(Anzahl)*

Wo?
dóko?

Wo *ist/sind (bekommt man, finde ich, gibt es)* ...?
... wa dóko des^{u} ká?

Woher?
dóko kara?

Woher wissen Sie es?
dō shite sh^{i}tte imas^u ká?

Wohin?
dóko e?

Darf man hier *rauchen (fotografieren)*?
koko de *tabáko o s^{u}tte (shashín o tótte)* mo íi des^u ká?

Brauchen Sie ...?
... ga irímas^u ká?

***Haben Sie (Gibt es)* [hier] ...?**
[koko ni] ... wa arímas^u ká?

Können Sie ...?
... ga dekímas^u ká?

Darf ich ...?
... -te/-de mo íi des^u ká?

Ist das ...?
kore wa ... des^u ká?

Gefällt es Ihnen?
o-kí ni meshimash^{i}ta ká?

Bitte, Wunsch

Ich habe an Sie eine Bitte.
o-négai ga arimas^u.

Würden Sie mir bitte ... *zeigen (reichen)*?
... o *mísete (tótte)* kuremasen ká?

Geben Sie mir bitte ...
... o kudasai.

Helfen Sie mir bitte.
(watáshi o) tets^{u}datte kudasai.

Warten Sie bitte.
mátte kudasai.

Gestatten Sie?
yoróshii des^u ká?

Haben Sie Streichhölzer?
mátchi wa arimas^u ká?

Eine Bitte wird am besten mit -kudasai *ausgedrückt: Substantiv* + o + kudasai *bzw. Verbstamm* + -te/-de + kudasai *(Näheres s. gramm. Anhang). Beispiel:* kōhī o motte kite kudasai – *Bringen Sie mir bitte einen Kaffee. Eine andere Möglichkeit, eine Bitte auszudrücken: Substantiv* + o-negai shimasu. *Beispiel:* kōhī o o-negai shimasu. – *Einen Kaffee, bitte.*
„Bitte“ als Antwort auf einen Dank oder als höfliche Aufforderung heißt dōzo.

Dank

Danke (sehr)!
(dōmo) arígatō!
go-chisō-sama desh'ta! *(für Bewirtung)*

Danke für die Mühe.
go-kurō-sama (des^u).

***Herzlichen (Vielen)* Dank!**
dōmo arígatō gozáimas^u!

Danke, gleichfalls!
iié, kochíra koso!

Es ist sehr nett von Ihnen.
dōmo go-shinsets^u ní.

Danken Sie bitte in meinem Namen Herrn/Frau ...
...-san ni (watásh^i kara) o-réi o itte kudasai.

Bitte sehr! *(= keine Ursache)*
dō itashimash^{i}te!

Das macht nichts!
kamaimasén!

Bejahung, Unentschlossenheit

Ja.
hái.

Natürlich!
mochíron des^u!

Sehr gern!/Mit Vergnügen!
yorókonde!

Das ist ein guter Gedanke.
soré wa íi kangae des^u.

Gut.
íi des^u.

Richtig.
sō des^u.

Das ist wunderbar!
soré wa subaráshii des^u!

In Ordnung.
dáijōbu des^u.

Abgemacht!
yoróshii!

Selbstverständlich.
mochíron des^u.

Vielleicht.
tábun.

Ich weiß es nicht.
wakárimasen.

Ablehnung, Verneinung

Nein.
iié.

Nein, danke!
iié, kekkō des^u.

Noch nicht.
mada.

Nie wieder.
mō tak^{u}san.

Auf keinen Fall.
zettai ni *damé des^u (Verbot: ikémasen).*

Unmöglich.
muri (damé) des^u.

Ich kann nicht.
dekímasen.

Das kann ich nicht.
soré wa dekímasen.

Ich will nicht mehr.
mō kekkō des^{u}.

Das geht leider nicht.
zán'nen nagara damé des^{u}.

Entschuldigung, Bedauern

Verzeihung!/Entschuldigung!
s^{u}mímasen!/gomén'nasai!

Es tut mir (sehr) leid!
o-kinodoku ni![1]

Entschuldigen Sie mich (einen Augenblick)!
s^{u}mímasen (ga chótto)!

Schade!
zán'nen des^{u}!

Ich bedauere sehr, daß ...
totémo zán'nen des^{u} ga ...

> Sumímasen *wird oft sowohl im Sinne von „Verzeihung" als auch im Sinne von „Es tut mir leid" gebraucht, auch wenn man keine Schuld hat.*

Glückwünsche und Beileid

Herzlichen Glückwunsch ... / Ich gratuliere Ihnen ...
... o-medetō gozáimas^{u}.

zum Geburtstag	o-tanjōbi
zur Hochzeit	go-kekkon
zur Verlobung	go-kon'yaku
zu diesem Erfolg	go-seikō

Viel Erfolg!
go-séikō o!

Viel Glück!
o-shíawase ni! / go-tákō o!

Gute Besserung!
o-dáiji ni!

Ein glückliches Neues Jahr! ***(nur ab 1. 1.)***[2]
akémash^{i}te o-medetō gozaimas^{u}!

Mein aufrichtiges Beileid! / Unsere herzliche Anteilnahme!
go-shūshō-sama des^{u}! / o-kúyami mōshiagemas^{u}!

---

[1] *Benutzt man, wenn man bedauert, daß jemandem etwas (Schlimmes) zugestoßen ist.*
[2] *In den letzten Tagen des alten Jahres und am Silvester sagt man* yói o-tóshi o!

Lob, Anerkennung

Sehr gut!
totémo íi des^u.

Das gefällt mir (ganz besonders).
kore ga (tóku ni) ki ní irimash^{i}ta.

Das ist sehr schön.
totémo s^{u}teki des^u.

Ausgezeichnet!
subárashii des^u.

Herrlich!
mígoto des^u.

Das schmeckt vorzüglich!
(koré) wa totémo oishii des^u.

Die Küche hier ist sehr gut.
kokó no ryōri wa totémo oishii des^u.

Wir sind (mit dem Service) sehr zufrieden.
(sābis^u ga) totémo yókatta des^u.

Es gefällt mir.
s^{u}ki des^u.

Das war sehr *interessant (amüsant)*.
totémo omoshirokatta des^u.

Es war prima!
totémo yókatta des^u.

Es ist eine *sehr schöne Stadt (zauberhafte Landschaft)*, nicht wahr?
totémo kíreina machi (subárashii késh^{i}ki) des^u ne!

Beschwerden

Ich muß mich beschweren.
kujō ga arimas^u.

Ich möchte den Chef sprechen.
chīf^u ni hanáshi ga arimas^u.

Wo kann ich mich (über ...) beschweren?
(... ni tsúite) kujō wa dóko e ieba íi des^u ká?

... ist kaputt.
... ga kowárete imas^u.

Es fehlt/fehlen ...
... ga tarímasen.

Ich habe kein/keine ...
... ga arímasen.

Verständigung

Sprechen Sie Deutsch?
doits^{u}-go ga wakárimas^{u} ká?

Englisch
éigo

Französisch
f^{u}ráns^{u}-go

Ich spreche nur ein bißchen Japanisch.
watáshi wa nihón-go ga s^{u}kóshi wakárimas^{u}.

Verstehen Sie mich?
wakárimas^{u} ká?

Sprechen Sie bitte etwas langsamer.
s^{u}kóshi yukkúri hanásh^{i}te kudasai.

Ich verstehe Sie leider nicht.
zán'nen nagara wakárimasen.

Ich habe nicht alles verstanden.
zénbu wa wakárimasen desh^{i}ta.

Könnten Sie mir das bitte übersetzen?
koré o yakúsh^{i}te kudasaimasen ká?

Schreiben Sie das bitte auf.
koré o káite kudasaimasen ká?

Würden Sie das bitte wiederholen?
mō ichi-do itte kudasaimasen ká?

Ich würde sehr gern Japanisch lernen.
nihón-go ga naráitai des^{u}.

Spreche ich richtig?
watáshi no iikata wa tadáshii des^{u} ká?

Verbessern Sie mich, wenn ich Fehler mache.
móshi machígaetara naósh^{i}te kudasai.

***Wie heißt das (Wie heißt ...)* auf Japanisch?**
kore wa (...wa) nihón-go de nán to iimas^{u} ká?

Was bedeutet dieses Zeichen?
konó jí wa dō iu ími des^{u} ká?

Habe ich dieses Zeichen richtig geschrieben?
konó jí wa tadáshiku kákete imás^{u} ká?

Es ist nicht ganz so einfach, Ihre Sprache zu sprechen, nicht wahr?
(anáta no) o-kúni no kotoba wa amári yasáshikuarimasen né.

Japanisch ist eine (sehr) schwierige Sprache.
nihón-go wa (totémo) muzukashii des^{u}.

Wetter, Naturereignisse

Wie wird das Wetter?
o-ténki wa dō narimas^{u} ká?

Was meldet der Wetterbericht?
ténkiyohō wa nán to itte imas^{u} ká?

Bleibt das Wetter schön?
ii ténki ga tsuzúkimas^{u} ká?

Wird es *regnen (schneien)*?
áme (yukí) ni narimas^{u} ká?

Das Barometer *steigt (fällt)*.
kōkiatsu (téikiatsu) ni narimas^{u}.

Das Wetter wird sich ändern.
ténki ga kawárimas^{u}.

Es sieht nach Regen aus.
áme ga furísō des^{u}.

Es gibt Sturm.
árashi des^{u}.

Wir bekommen *schönes (schlechtes, wechselhaftes)* Wetter.
ii (warúi, kawáriyasui) ténki ni narimas^{u}.

Es bleibt schön.
ii ténki ga tsuzúkimas^{u}.

Wir bekommen ein Gewitter.
kamínari ni narímas^{u}.

Wieviel Grad haben wir?
kión wa nán-do des^{u} ká?

Es ist ... Grad (unter Null).
(hyōten-ka) ...-do des^{u}.

Der Wind hat sich gedreht.
kazámuki ga kawárimash^{i}ta.

Der Wind hat sich gelegt.
kazé ga yamímash^{i}ta.

Es ist
- **(sehr) glatt.** .... (totemo) s^{u}beriyasui des^{u}.
- **(sehr) heiß.** .... (totemo) atsui des^{u}.
- **(sehr) kalt.** .... (totemo) samui des^{u}.
- **(sehr) schwül.** .... (totemo) mushiatsui des^{u}.
- **(sehr) warm.** .... (totemo) atatakai des^{u}.
- **(sehr) windig.** .... (totemo) kaze ga ts^{u}yoi des^{u}.

Es ist neblig.
kíri ga dete imas^{u}.

Es ist stürmisch.
árashi des^{u}.

Der Regen hört auf.
jikí ni ame ga yamímas^{u}.

Wir haben jetzt Regenzeit.
íma wa tsuyú des^{u}.

Wird sich der Nebel bald auflösen?
jikí ni kiri ga hàrémas^u.

Die Sicht ist schlecht.
sh^{i}kái ga warúi des^u.

Der Himmel *bewölkt sich (ist klar)*.
sóra ga *kumótte (hárete)* imas^u.

Es klärt sich auf.
harémas^u.

Die Sonne scheint schön.
hi gá yoku tette imas^u.

Die Sonne brennt.
táiyō ga jírijiri to teríts^{u}kemas^u.

Ist *der Paß (die Straße nach ...)* passierbar?
tōge (... iki no michi) wa tōremas^u ká?

Was meldet der Straßenzustandsbericht?
dōro jōhō wa nán to itte imas^u ká?

Barometer	kiatsukei, barométā
bewölkt	kumotta
Bewölkung	kumori
Blitz	inazuma, kaminari
Donner	raimei, kaminari
Dunst	moya, kasumi
dunstig	kasunda, moya no kakatta
Eis	kōri
Erdbeben	jishin
Frost	shimo
– es friert	kōru
Gewitter	raiu, kaminari
Glatteis	tōketsu-romen
Hagel	hyō
Hitze	atsusa
Hoch	kōkiatsu
Klima	kikō
Luft	kūki
Luftdruck	kiatsu
Luftfeuchtigkeit	shitsudo
Mond	tsuki
– abnehmender Mond	kagen no tsuki
– zunehmender Mond	jōgen no tsuki
Nebel	kiri
Niederschläge *(allgem.)*	kōsui(-ryō)
– *(Regen)*	kōuryō
– *(Schnee)*	kōsetsuryō

Regen	ame
– es regnet	ame ga furímasu
Regenguß	doshaburi
Regenschauer	niwaka-ame
Schnee	yuki
– es schneit	yuki ga furímasu
Schneegestöber	fubuki
Schwüle	mushiatsusa
Sicht	mitōshi
Sonne	taiyō
Sonnenaufgang	hinode
Sonnenuntergang	hinoiri
Stern	hoshi
Straßenzustand	romen-jōkyō
Sturmwarnung	bōfūkeihō
Taifun	taifū
Tauwetter	yukidoke
Temperatur	kion
Tief	teikiatsu
Vulkanausbruch	funka
Wetterprognose	tenkiyohō
Wind	kaze
– Nordwind	kita-kaze
– Ostwind	higashi-kaze
– Südwind	minami-kaze
– Westwind	nishi-kaze
Windrichtung	kazamuki
Wolke	kumo
– Regenwolke	amagumo
Wolkenbruch	gōu

Zahlen

	Kardinalzahl	*Zählwort für Sachen*	*Zählwort für Personen*
0	zero, rei	–	–
1	ichi	hitotsu	hitori
2	ni	futatsu	futari
3	san	mittsu	san-nin
4	shi, yon	yottsu	yo-nin
5	go	itsutsu	go-nin
6	roku	muttsu	roku-nin
7	shichi, nana	nanatsu	shichi-nin
8	hachi	yattsu	hachi-nin
9	ku, kyū	kokonotsu	ku-nin, kyū-nin
10	jū	tō	jū-nin
11	jū-ichi	jū-ikko	jū-ichi-nin
12	jū-ni	jū-ni-ko	jū-ni-nin
13	jū-san	jū-san-ko	jū-san-nin
14	jū-yon, jū-shi	jū-yon-ko	jū-yo-nin
15	jū-go	jū-go-ko	jū-go-nin
20	ni-jū	ni-jukko	ni-jū-nin
21	ni-jū-ichi	ni-jū-ikko	ni-jū-ichi-nin
30	san-jū	san-jukko	san-jū-nin
40	yon-jū, shi-jū	yon-jukko	yon-jū-nin
50	go-jū	go-jukko	go-jū-nin
60	roku-jū	roku-jukko	roku-jū-nin
70	nana-jū, shichi-jū	nana-jukko	nana-jū-nin
80	hachi-jū	hachi-jukko	hachi-jū-nin
90	kyū-jū	kyū-jukko	kyū-jū-nin
100	hyaku	hyakko	hyaku-nin
101	hyaku-ichi	hyaku-ikko	hyaku-ichi-nin
200	ni-hyaku	ni-hyakko	ni-hyaku-nin
1 000	(is)sen	sen-ko	sen-nin
10 000	ichi-man	ichi-man-ko	ichi-man-nin
100 000	jū-man	jū-man-ko	jū-man-nin
1 000 000	hyaku-man	hyaku-man-ko	hyaku-man-nin
10 000 000	(is)sen-man	(is)sen-man-ko	(is)sen-man-nin
100 Mio.	ichi-oku	ichi-oku-ko	ichi-oku-nin

Beispiel: **1988** sen-kyūhyaku-hachijū-hachi – *Kardinalzahl*
sen-kyūhyaku-hachijū-hakko – *Sachen*
sen-kyūhyaku-hachijū-hachi-nin – *Personen*
sen-kyūhyaku-hachijū-hachi-nen – *Jahreszahl*

Anmerkungen:

Grundzahlen

1. Die Bezeichnung **yon** (= 4) ist häufiger als **shi**, da diese einerseits mit dem japanischen Wort für Tod gleichlautet, andererseits beim schnellen Sprechen von **shichi** (= 7) schwer zu unterscheiden ist. Statt **shichi** steht daher auch oft **nana**.
2. Im Japanischen gibt es zahlreiche Suffixe für die Zählung von Menschen, Tieren und Gegenständen. Hier werden nur Kardinalzahlen und Zählwörter für Personen und Gegenstände gegeben (siehe Seite 26).

   Beispiel: **8:** Grundzahl – **hachi;** 8 Stück (Gegenstände) – **yattsu;** 8 Personen – **hachi-nin;** 8 Stifte – **happon;** 8 Bücher – **hassatsu;** 8 Jahre – **hachi-nen.**
3. Zahlen als (vorangestellte) Attribute erhalten die Partikel **no: hachi-nin no nihon-jin** *8 Japaner;* **hassatsu no hon** *8 Bücher.*
4. Einige wichtige Zählungssuffixe sind (* siehe 5.1):

-nin	Personen
-hiki*	vierfüßige (nicht große) Tiere
-satsu	Bücher, Hefte
-hai*	Tasse/Glas *(Tee, Bier, Saft usw.)*
-mai	flache Gegenstände *(Papier, Decken usw.)*
-hon*	lange Gegenstände *(Stifte, Stöcke, Zigaretten usw.)*
-dai	Fahrzeuge, Maschinen

5. In vielen Fällen tritt zwischen Zahl und Suffix eine lautliche Angleichung (Assimilation) auf, und zwar für die Zahlen 1 **(ichi),** 3 **(san),** 6 **(roku),** 8 **(hachi),** 10 **(jū),** 100 **(hyaku)** und 1000 **(sen).**

5.1 **p-h-b** Wechsel (*) und Konsonantenverdoppelung

-hiki	i**pp**iki, ni**h**iki, san**b**iki, ro**pp**iki, ha**pp**iki, ju**pp**iki
-hai	i**pp**ai, ni**h**ai, san**b**ai, ro**pp**ai, ha**pp**ai, ju**pp**ai
-hon	i**pp**on, ni**h**on, san**b**on, ro**pp**on, ha**pp**on, ju**pp**on

5.2 Konsonantenverdoppelung

-ko	i**kk**o, niko, sanko, ro**kk**o, ha**kk**o, ju**kk**o
-satsu	i**ss**atsu, nisatsu, sansatsu, rokusatsu, ha**ss**atsu, ju**ss**atsu

Ordnungszahlen

Die Ordnungszahlen werden als Substantiv unter Vorsatz von **-dai** aus den Grundzahlen gebildet: dai-ichi, dai-ni usw. In attributiver Stellung werden sie ohne Zählungssuffix meist unter Zusatz von **-banme** + Partikel **no** gebildet: *das 8. Auto* hachi-banme no kuruma.

Uhrzeit

Wie spät ist es (jetzt)?
(íma) nán-ji des^{u} ká?

Haben Sie genaue Zeit?
tokéi wa atte-imas^{u} ká?

Es ist	**(genau) 2 Uhr.**	(chōdo) ni-ji des^{u}.
	ungefähr 2 Uhr.	ni-ji goro des^{u}.
	Viertel nach 2.	ni-ji jū-go-fun (sugi) des^{u}.
	halb 3 (2 Uhr 30)	ni-ji-han des^{u}.
	Viertel vor 3.	san-ji jū-go-fun mae des^{u}.
	2 Uhr 45.	ni-ji yon-jū-go-fun des^{u}.
	5 Minuten nach 4.	yo-ji go-fun (sugi) des^{u}.
	10 Minuten vor 8.	hachi-ji juppun mae des^{u}.

Um wieviel Uhr?
nán-ji?

(Pünktlich) Um 10 Uhr Ortszeit.
genchi-jikan no jū-ji (chōdo) (ni) *).

Um 7 Uhr *morgens (abends)*.
gózen (gógo) sh^{i}chí-ji (ni) *).

Um 9 Uhr 30.
kú-ji sánjuppun (ni) *).

Um 5 Uhr nachmittags.
gógo gó-ji (ni) *).

Bis 8 Uhr abends.
gógo hachí-ji made.

Zwischen 5 und 6 Uhr.
gó-ji kara rokú-ji made no aida (ni) *).

Kurz nach 9 Uhr.
kú-ji chottó sugi.

In *10 Minuten (einer halben Stunde, 2 Stunden)*.
juppún (hán-jikan, ni-jíkan) go *od.* inai ni.

Vor einer Viertelstunde.
jū-go-fun mae ni.

Es ist zu spät.
osó-sugi mas^{u}.

Es ist noch früh.
máda hayái des^{u}.

Geht diese Uhr richtig?
konó tokei wa atte-imás^{u} ká?

Sie geht vor.
s^{u}sunde-imas^{u}.

Sie geht nach.
okúrete-imas^{u}.

---

*) *Mit oder ohne* ni, *abhängig vom Kontext.*

Allgemeine Zeitangaben

abends	yūgata
am Tage	hiru(ma)
bald	sugu
früher	mae, izen
ganzjährig	ichi-nen-jū, nenkan
gegen Abend	yūgata goro
gestern	kinō
gestern abend	yūbe
heute	kyō
heute abend	konban
heute mittag	kyō no hiru
heute morgen	kesa
heute nachmittag	kyō no gogo
heute nacht	kon'ya
heute vormittag	kyō no gozen
jederzeit	itsumo, itsu demo
jetzt	ima, genzai
manchmal	tokidoki
mittags	hiru
morgen	ashita, asu
morgen früh	asu no asa
morgens	asa
nachher	ato de
nachmittags	gogo
nachts	yoru
rechtzeitig	jikan dōri (ni)*
später	ato de
stündlich	mai-jikan
täglich	mainichi
Tag und Nacht	ichi-nichi-jū
übermorgen	asatte
um Mitternacht	yonaka (ni)*
vorgestern	ototoi
vorher	mae, izen, mukashi
vor kurzem	chotto mae
vorläufig	sashiatari

** S. Anmerkung auf S. 28*

vor 2 ***Tagen (3 Wochen)***
f^{u}tsúká (sán-shūkan) mae (ni) *)

in ***einer Woche (14 Tagen)***
isshūkan (jū-yokka) go (ni) *)

für 2 ***Tage (Wochen)***
f^{u}tsúka (ni-shūkan)

am Wochenende
shūmats^{u} (ni) *)

jeden Tag
máinichi

jeden 2. Tag
f^{u}tsúka oki (ni) *)

nächste Woche
ráishū

in 2 Monaten
ni-ká-getsu go/inai (ni) *)

voriges (nächstes) **Jahr**
kyónen (rainen)

von Zeit zu Zeit
tokídoki

um diese Zeit
imá goro

Ich habe keine Zeit.
jikán ga arimasen.

Wir haben noch eine Stunde Zeit.
áto ichí-jikan arimas^{u}.

Ich habe mich verspätet.
okúremash^{i}ta.

Sie kommen zu spät.
(anáta wa) osó-sugimas^{u}.

Wieviel Stunden beträgt der Zeitunterschied zwischen … und …?
… to … no jisa wa nán-jikan des^{u} ká?

Wochentage

Montag	getsuyōbi	**Freitag**	kin'yōbi
Dienstag	kayōbi	**Sonnabend/**	
Mittwoch	suiyōbi	**Samstag**	doyōbi
Donnerstag ...	mokuyōbi	**Sonntag**	nichiyōbi

Monate

Januar	ichigatsu	**Juli**	shichigatsu
Februar	nigatsu	**August**	hachigatsu
März	sangatsu	**September**	kugatsu
April	shigatsu	**Oktober**	jūgatsu
Mai	gogatsu	**November**	jūichigatsu
Juni	rokugatsu	**Dezember**	jūnigatsu

***)** *S. Anmerkung auf S. 28*

Jahreszeiten

Frühling	haru	**Herbst**	aki
Sommer	natsu	**Winter**	fuyu

Feiertage

01. 01.	ganjitsu	Neujahr
15. 01.	seijin no hi	Volljährigkeitstag (für alle in einem Jahr 20 Jahre Werdenden)
11. 02.	kenkoku-kinenbi	Reichsgründungstag
21. 03.	shunbun no hi	Frühlings-Tagundnachtgleiche
29. 04.	tennō-tanjōbi	Geburtstag des Kaisers
03. 05.	kenpō-kinenbi	Tag der Verfassung
05. 05.	kodomo no hi	Kindertag
15. 09.	keirō no hi	Tag der Altenverehrung
23. 09.	shūbun no hi	Herbst-Tagundnachtgleiche
10. 10.	taiiku no hi	Sportstag
03. 11.	bunka no hi	Kulturtag
23. 11.	kinrō-kansha no hi	Arbeiter-Dankfest

Europäische Feiertage, die in Japan bekannt sind, aber nicht gefeiert werden:

Karneval	shanikusai
1. Mai	mēdē
Weihnachten	kurisumasu
Ostern	īsutā, fukkatsusai
Pfingsten	seirei-kōrinsai
Silvester	ōmisoka

Das buddhistische Allerseelenfest, **bon** *(15. Juli – Stadt / 15. August – auf dem Land), ist ebenfalls kein offizieller Feiertag.*

Datum

Welches Datum haben wir heute?
kyō wa nán-gatsu nán-nichi des^{u} ká?

Heute ist der 2. Juli.
kyō wa sh^{i}chí-gatsu f^{u}tsuka des^{u}.

Am 15. Mai 1988
sen-kyūhyaku-hachijū-hachí-nen go-gatsu jūgo-nichi (ni)*

Am 4. *dieses (nächsten)* Monats
kongetsu (raigetsu) no yokka (ni)

Bis zum 10. März
san-gatsu tōka made (ni)

Am 1. April *dieses (vergangenen, nächsten)* Jahres
kotoshi (kyonen, rainen) no shi-gatsu tsuitachi (ni)

Wir sind am 12. August angekommen.
(watásh^{i}tachi wa) hachí-gatsu jūni-nichi ni ts^{u}kímash^{i}ta.

Wir reisen am 20. September ab.
(watásh^{i}tachi wa) kú-gatsu hatsuka ni shuppats^{u} shimas^{u}.

Wir bleiben hier bis zum 1. Oktober.
(watásh^{i}tachi wa) jū-gatsu tsuitachi made koko ni imas^{u}.

Wir fahren am 3. Juni nach Osaka.
(watásh^{i}tachi wa) rokú-gatsu mikka ni ōsaka e mukaimas^{u}.

Der Brief wurde am 9. Juni abgeschickt.
tegámi wa rokú-gatsu kokónoka ni dashimash^{i}ta.

Der Kongreß dauert vom 20. bis zum 25. Mai.
káigi wa gó-gatsu hatsuka kara níjūgó-nichi made des^{u}.

Alter, Familie

Wie alt sind Sie?
o-tóshi wa?

Wie alt ist *er (sie)*?
káre (kánojo) wa ík^{u}tsu des^{u} ká?

Ich bin ... Jahre alt.
(wátashi wa) ...-sai des^{u}.

Ich bin schon über 50.
watáshi wa mō gojū o súgite imas^{u}.

---

* *S. Anmerkung auf S. 28*

Sind Sie verheiratet?
go-kékkon sh'te irasshaimas^u ká?

Haben Sie Kinder?
o-kó-san wa o-ári des^u ká?

Wann sind Sie geboren?
íts^u o-úmare des^u ká?

Ich bin am ... geboren.
watáshi wa ... ni umáremash'ta.

***Er (Sie)* ist älter/jünger als ich.**
káre (kánojo) wa watáshi yori toshíue/toshísh'ta des^u.

in *meinem (Ihrem)* Alter
watáshi (anáta) no toshí de wa

***Er (Sie)* ist schon erwachsen.**
káre (kánojo) wa mō otóna des^u.

	eigene Verwandte	*fremde Verwandte*
alt/jung	toshíyori/wakái	
Bruder	kyōdai	go-kyōdai
– älterer Br.	ani	o-nii-san
– jüngerer Br.	otōto	otōto-san
Cousin(e)	itoko *m/f*	o-itoko-san *m/f*
Ehefrau	kanai, tsuma	oku-san, oku-sama
Ehemann	otto, shujin	go-shujin
Eltern	ryōshin	go-ryōshin
Enkelkind	mago *m/f*	o-mago-san *m/f*
Enkelsohn	mago-musuko	mago-musuko-san
Enkeltochter	mago-musume	mago-musume-san
Familie	kazoku	go-kazoku
Geschwister	kyōdai	go-kyōdai
Großmutter	sobo	o-bā-san
Großvater	sofu	o-jii-san
Mutter	haha	o-kā-san
– Stiefmutter	gibo	giri no o-kā-san
Neffe	oi	oi-go-san
Nichte	mei	mei-go-san
Onkel	oji	oji-san
Tante	oba	oba-san
Schwester	shimai	–
– ältere Schw.	ane	o-nē-san
– jüngere Schw.	imōto	imōto-san
Sohn	musuko	musuko-san
Tochter	musume	musume-san
Vater	chichi	o-tō-san
– Stiefvater	gifu	giri no o-tō-san

Berufe

Was sind Sie von Beruf?
go-shókugyō wá?

Bei welcher Firma sind Sie?
kaísha wa dóchira des^u ká?

Ich bin ...
watáshi wa ... des^u.

Angestellte/r	kaishain, sararīman
Apotheker	yakuzaishi
Arbeiter	rōdōsha
Architekt	kenchikuka
Automechaniker	jidōsha-seibikō
Bäcker	pan'ya
Beamte(r)	kōmuin, yakunin
Bergmann	(kōzan no) kōfu
Bibliothekar	shisho, toshokan'in
Bildhauer	chōkokuka
Briefträger	yūbin-haitatsuin
Buchhalter	keiri-jimuin
Buchhändler	hon'ya
Eisenbahner	tetsudōin
Elektriker	denkiya
Elektroniker	denshi-gijutsusha
Fahrlehrer	jidōsha-gakkō no kyōshi
Fischer	ryōshi
Fleischer	nikuya
Förster	sanrin-kanshi'in, yamaban
Gärtner	niwashi, uekiya, entei
Glaser	garasuya, garasukō
Handwerker	shokunin
Hausfrau	shufu
Ingenieur	gishi, enjinia
Installateur *(Elektro-)*	haisenkō, denkiya
– *(Rohrleger)*	haikankō
Journalist	(shinbun)kisha, jānarisuto
Kaufmann	shōnin, shōshain
Kindergärtnerin	hobo
Klempner	burikiya, enkankō
– *(für Gasleitungen)*	gasuya
– *(für Wasserleitungen)*	suidōya

Koch	kokku
Konditor	kashiya, seikagyōsha
Kraftfahrer	(torakku no) untenshu
Künstler	geijutsuka
Kunstmaler	gaka
Landwirt	nōfu
Lehrer, Pädagoge	kyōshi, sensei
Maler	penkiya, tosōkō
Maurer	sakan, renga-shokunin
Mechaniker	kikaikō, kikaigishi
Metzger	nikuya
Musiker	ongakuka, ongakka
Notar	kōshōnin
Politiker	seijika
Postbeamter	yūbinkyokuin
Rechtsanwalt	bengoshi
Redakteur	henshūsha, henshūkyokuin
Rentner	nenkin-seikatsusha
Reporter	ruporaitā, repōtā
Richter	hanji, saibankan
Rundfunkreporter	hōsōkisha, terebi-/rajio-kisha
Schlosser	kagiya, jōmaeya
Schneider(in)	yōfukuya, yōsaishi, shitateya
Schriftsteller	sakka
Schuhmacher	kutsuya
Sekretär(in)	hisho
Seemann	sen'in, funanori
Soldat	heitai, gunjin
Techniker	gishi
Tierarzt	jūi
Tischler	kagu-shokunin
Übersetzer	hon'yakuka
Unternehmer	jitsugyōka, ukeoi'nin
Verkäufer(in)	ten'in, uriko
Verleger	hakkō'nin, shuppansha
Vertreter	dairi'nin, sērusuman, gaikōin
Wirtschaftler	keizai-*gakusha (-senmonka)*
Wissenschaftler	kagakusha, gakusha
Zimmermann	daiku

Ausbildung

Bist du noch *Schüler (Student)*?
máda gak^{u}sei des^{u} ká?

Ich besuche die ...-Universität/Hochschule.
...-dáigaku e itte-imas^{u}.

Was *studierst du (studieren Sie)*?
náni o benkyō sh^{i}te-imas^{u} ká?

Wo *studierst du (studieren Sie)*?
gakkō wa dóchira des^{u} ká?

Ich studiere ... *(Fach)* an der ...-Universität/Hochschule.
watáshi wa ...-dáigaku de ... *(Fach)* o benkyō sh^{i}te-imas^{u}.

absolvieren	sotsugyō suru
Agronomie	nōgaku
Akademie	akademī, (senmon-)daigaku
Anglistik *(Sprache)*	eigogaku
– *(Literatur)*	eibungaku
Architektur	kenchikugaku
Bergbau	kōgyō
Berufsschule	shokugyō-gakkō
Betriebswirtschaft	keieigaku
Biologie	seibutsugaku
Chemie	kagaku
Diplomarbeit	sotsugyō-ronbun
Elektrotechnik	denshikōgaku
Fachschule	senmon-gakkō
Fakultät	gakubu
Fernmeldetechnik	denki-tsūshin-kōgaku
Forstwissenschaft	ringaku
Geographie	chiri(gaku)
Geologie	chishitsugaku
Germanistik *(Sprache)*	doitsugogaku
– *(Literatur)*	doitsubungaku
Geschichte	rekishi(gaku)
Gymnasium	chūgaku
– *(Oberstufe)*	kōkō

Hochschule	(senmon-)daigaku
Informatik	konpyūtā-jōhōgaku
Institut	(daigaku no) kenkyūsho
Japanologie ***(Sprache)***	nihongogaku
– ***(Literatur)***	nihonbungaku
Jura	hōritsugaku, hōgaku
Klasse	kumi, kurasu
Kunstakademie	bijutsu-gakkō, geijutsu-daigaku
Kunstgeschichte	geijutsushi, bijutsushi
Kunstgewerbeschule	kōgei-gakkō
Malerei	kaiga
Maschinenbau	kikai-kōgaku
Mathematik	sūgaku
Medizin	igaku
Metallurgie	kōbutsugaku
Musik	ongaku
Pharmazie	yakugaku
Philosophie	tetsugaku
Physik	butsurigaku, butsuri
Politologie	seijigaku
Prüfung	shiken, tesuto
Psychologie	shinrigaku
Schiffbau	zōsengaku
Schule	gakkō
Semester	gakki
Sportakademie	taiiku-daigaku
Sprachwissenschaft	gengogaku
Student(in)	gakusei
Studienfach	gakka, senkō-kamoku
Universität	(sōgō-)daigaku
Veterinärmedizin	jūigaku
Vorlesung	kōgi
Wirtschaftswissenschaft	keizaigaku
Zahnmedizin	shikagaku
Zoologie	dōbutsugaku

AN DER GRENZE

Paßkontrolle

***Ihren Paß bitte!**
pas^{u}pōto o dōzo.

***Ihre Papiere bitte!**
shorúi o dōzo.

***Ihr Paß ist abgelaufen.**
anáta no pas^{u}pōto wa kígen ga kírete-imas^{u}.

***Wie lange wollen Sie in Japan bleiben?**
nihón ni dóno gurai go-táizai des^{u} ká?

Ich bleibe *eine Woche (zwei Wochen, drei Wochen, bis zum ...).*
isshūkan (ni-shūkan, san-shūkan, ... [made]) des^{u}.

Wir machen eine *Urlaubsreise (Studienreise).*
kyūka-ryokō (kénshū-ryokō) des^{u}.

Ich bin auf der Durchreise nach Hongkong.
Hónkon e iku tochū des^{u}.

Ich will Bekannte besuchen.
chijín hōmon des^{u}.

Ich will an einem Kongreß teilnehmen.
káigi ni shusseki shimas^{u}.

***Füllen Sie bitte diese Ein-und Ausreisekarte aus.**
kono sh^{u}tsu-nyūkoku-kādo ni kinyū sh^{i}te kudasai.

Ich möchte mit der Botschaft meines Landes telefonieren.
táishikan ni dénwa sh^{i}tai des^{u}.

Ich gehöre zu dieser Reisegruppe.
watáshi wa konó ryokō-gurūpu no mono des^{u}.

Aufenthalt	taizai
Aufenthaltserlaubnis	taizai-kyoka
Ausreise	shukkoku
Ausreisevisum	shukkoku-*sashō (-biza)*
Bestimmungen	mokutekichi, ikisaki
Einreise	nyūkoku
Einreisevisum	nyūkoku-*sashō (-biza)*
Fahrtroute	tokō-rūto
Familienname	myōji, sei
Familienstand	kazoku-jōkyō
Geburtsdatum	seinengappi
Geburtsname	kyūsei
Geburtsort	shusseichi
Geschäftsreise	shōyō, shutchō
Grenze	kokkyō
Grenzübergang	kokkyō-tsūkaten
Größe	shinchō
Impfzeugnis	shutō-shōmeisho
ledig	mikon, dokushin
Name des Vaters	chichioya no seimei
Name der Mutter	hahaoya no seimei
Nummer	bangō
Paß	ryoken, pasupōto
Personalausweis	mibun-shōmeisho
Personalien	mibun-shōmeisho, shinjōsho
Reise	ryokō
Reisepaß	ryoken, pasupōto
Staatsangehörigkeit	kokuseki
Touristenvisum	kankō-biza
Transitvisum	tsūka-sashō, toranjitto-biza
verheiratet	kikon
Verlängerung	enchō
verwitwet	shibetsu
Visagebühr	sashō-tesūryō
Vorname	namae, mei
Wohnort	genjūsho, jūsho

Zollkontrolle

***Haben Sie etwas anzumelden?**
shínkoku suru mono o o-móchi des^{u} ká?

***Haben Sie Lebensmittel, Pflanzen, Rauschgift, Tiere?**
shokúryōhin, shokúbutsu, mayáku-rui, dōbutsu o shoji sh^{i}te-imas^{u} ká?

Ich habe nur Sachen für den persönlichen Gebrauch.
kojín-shíyō no mono daké des^{u}.

Das ist mein Koffer
koré wa watáshi no toránku des^{u}.

***Öffnen Sie das bitte.**
akéte kudasai.

Das gehört mir nicht.
koré wa watáshi no (mono) dewa arímasen.

Diese Waren habe ich zollfrei gekauft. Hier ist die *Rechnung (Quittung)*.
koré wa menzei no shinamono des^{u}. koré ga *seikyū-sho (ryōshū-sho)* des^{u}.

Bitte stempeln Sie mir dieses Formular für unbegleitetes *Fluggepäck (Schiffgepäck)* ab.
konó shorui ni betsúokuri-kamotsu no s^{u}tánpu o oshite-kudasai.

Muß ich das verzollen?
kánzei-tetsuzuki o shinákereba narímasen ká?

***Dafür müssen Sie Zoll zahlen.**
koré ni wa zéikin ga kakarimas^{u}.

***Das ist zollfrei.**
koré wa menzei des^{u}.

Ausfuhrzoll	yushutsuzei
Einfuhrzoll	yunyūzei
Genehmigung	kyoka
Quarantäne	ken'eki (jo *Ort*)
Unterschrift	shomei, sain
Zollabfertigung	tsūkan-tetsuzuki
Zollerklärung	zeikan-shinkoku
Zollkontrolle	zeikan-kensa

REISEN NACH UND IN JAPAN

MIT DEM FLUGZEUG

Auskunft und Buchung

Gibt es eine (direkte) Flugverbindung nach Hiroshima?
Hiróshima made no (chokkō-)bin wa arímas^{u} ká?

Wann fliegt *heute (morgen)* eine Linienmaschine nach Niigata?
Níigata made no téiki-bin wa *kyō (ash^{i}ta)* nán-ji ni demas^{u} ká?

Wann fliegt die nächste Maschine nach Okinawa?
tsugi no Okinawa-iki wa nan-ji des^{u} ká?

Haben Sie für übermorgen noch freie Plätze in der Maschine nach Osaka?
asátte no Ōsaka-iki ni mada kūseki ga arímas^{u} ká?

Wieviel kostet der Flug nach Sapporo (und zurück)?
Sappóro made no kōkū-ryōkin (ōfuku-ryōkin) wa o-íkura des^{u} ká?

Wieviel Gepäck ist frei?
nímotsu wa ík^{u}tsu made muryō des^{u} ká?

Kann ich das als Handgepäck in die Maschine nehmen?
koré o tekónimotsu to sh^{i}te mochíkomemas^{u} ká?

Wieviel Stunden dauert der Flug nach Takamatsu?
Takámatsu made hikōki de nán-jikan kakarimas^{u} ká?

Muß ich eine Flughafengebühr zahlen?
kūkō-shiyōryō o haráwanakereba narimasen ká?

Fährt von hier zum Flughafen ein Zubringerbus?
kūkō-iki no rimújin-bas^{u} wa kokó kara demas^{u} ká?

Bitte für Freitag zwei Flugkarten nach Nagasaki.
kín'yōbi no Nagásaki-iki o ni-mai o-négai-shimas^{u}.

Bitte für den 8. Mai einen Hin- und Rückflug nach Kochi.
gó-gatsu yōka no Kōchi ōfuku o ichí-mai o-négai-shimas^{u}.

– Economy-Klasse. – ekonomī-kurasu.
– Raucher. – kitsuen-seki.
– Nichtraucher. – *kin'en-seki (nō-sumōkingu)*

Gibt es für *Touristen (Familien)* eine Ermäßigung?
*tsūris^{u}to-(kazóku-)*waribiki ga arímas^{u} ká?

Ich möchte diesen Flug *annullieren (umbuchen)*.
konó bin o *toríkesh^{i}tai (hénkō sh^{i}tai)* des^{u}.

Wie hoch ist die Annullierungsgebühr?
kyánseru-ryōkin (toríkeshi-ryōkin) wa íkura des^{u} ká?

Auf dem Flughafen

Wo finde ich den Informationsschalter?
ínfomēshon-sentā (án'naijo) wa dóko des^{u} ká?

Wo ist ...
... wa dóko des^{u} ká?

– die Abflughalle?
shuppats^{u}-bin no machiaishitsu –

– der Duty-Free-Shop?
dyūtī-furī-shoppu –

– der Schalter der All Nippon Airways-Fluggesellschaft?
zén'nikkū no *madóguchi (kaúntā)* –

Ist der Flug Nr. 502 nach Kagoshima schon aufgerufen worden?
Kagóshima-iki gohyaku-ni bin no tōjō-an'nai wa mō demásh^{i}ta ká?

Ich suche das Tourist-Information-Center.
ryokō-an'naijo o sagáshite-imas^{u}.

Wann muß ich einchecken für den Flug Nr. 505 der Lufthansa?
rufutohanza no gohyaku-go bin no chekku-in wa nanji des^{u} ká?

Hat die Maschine nach Tokio Verspätung?
Tōkyō-iki wa okúremas^u ká?

Ist die Maschine aus Singapur schon gelandet?
Shíngapōru kara no bin wa mō chakúriku shimash^ita ká?

Im Flugzeug

***Bleiben Sie bitte auf Ihren Plätzen sitzen, bis die Maschine ihre endgültige Position erreicht hat.**
hikōki ga kánzen ni teishi suru made o-séki de o-máchi kudasai.

Wo sind wir jetzt?
íma dóko des^u ká?

Wann landen wir?
nán-ji ni chakuriku shimas^u ká?

Wir überfliegen gerade den Berg Fuji.
tadáima fúji-san no jōkū o hikō-chū des^u.

Kann ich bitte etwas zu trinken haben?
náni ka nomímono o itadákemas^u ká?

Haben Sie ein Mittel gegen Luftkrankheit?
hikōki-yoi no k^usuri wa arimas^u ká?

Könnten Sie die Rückenlehne etwas nach vorn stellen?
rikúrainingu o s^ukóshi máe e modósh^ite-kuremasen ká?

Abflug	ririku
Ankunft	tōchaku
Anschnallgurt	*shīto-(zaseki-)*beruto
Auslandsflug	kaigai-tokō, gaikoku-furaito
Bordkarte	bōdingu-pasu, tōjōken
Bordservice	kinai-sābisu
Buchung	yoyaku
Chartermaschine	chātā-ki
Fahrwerk	chakuriku-yō-sharin
Fluggast	jōkyaku
Fluggepäck	te(ko)nimotsu
Fluggesellschaft	kōkūgaisha, hikōkigaisha
Flughafen	kūkō, hikōjō
Flugkapitän	kichō

Flugnummer	furaito-nanbā
Flugplan	jikokuhyō, hikō-keikaku
Flugroute	kōro, rūto
Flugzeit	hikō-jikan
Freigepäck	mochikomi-seigen-nai no nimotsu
Frischluftdüse	kūki-chōsetsu
Geldwechselautomat	ryōgae-ki
Gepäckroller	kyarī
Gruppenermäßigung	dantai-waribiki
Hubschrauber	herikoputā
Inlandsflug	kokunai-*hikō (-bin, -furaito)*
Landeerlaubnis	chakuriku-kyoka
landen	chakuriku suru
Landung	chakuriku
Limousine-Bus	rimujin-basu
Luftfracht	eā-kāgo, kōkūbin
Notausstieg	hijō-guchi
Notlandung	kinkyū-chakuriku
Notrutsche	hijō-dasshutsu-shūtā
Rückflug	kaeri no *bin (hikōki, furaito)*
Rückflugbestätigung	kaeri-bin no *kakunin (konfomēshon)*
Sauerstoffmaske	sanso-masuku
Sitz	zaseki, shīto
starten	ririku suru
Starterlaubnis	ririku-kyoka
Stewardeß	suchiwādesu, eā-hosutesu
Triebwerk	jetto-enjin
Übergepäck	chōka-nimotsu
Wolkendecke	atsui kumo
Zielflughafen	mokutekichi, ikisaki
zollfreie Waren	menzeihin
Zollgepäck	kazei-*kamotsu (-nimotsu)*
Zubringerbus	kūkō-rimujin
Zwischenlandung	tochū-chakuriku

シートベルト / shīto-beruto

Bitte anschnallen

禁煙 / kin'en

Nicht rauchen

Weitere Aufschriften und Gepäck s. Abschnitt „Eisenbahn" S. 45 ff.

MIT DER EISENBAHN

Bahnhof

Wo ist der Shinjuku-Bahnhof?
Shínjuku-eki wa dóko des^{u} ká?

Wo ist ...? / Wo finde ich ...?
... wa dóko des^{u} ká?

einen Bahnhofskiosk	kiosuku, eki no baiten
die Gepäckaufbewahrung	tenimotsu-azukarisho
die Gepäckausgabe	tenimotsu-hikiwatashijo
das Bahnhofsrestaurant	eki no shokudō
den Sanitätsraum	kyūgoshitsu
die Toiletten	o-tearai, WC (daburyū-shī)
den Wartesaal	machiaishitsu
den Zimmernachweis	hoteru-ryokan-an'nai

出発	shuppatsu	**Abfahrt**
到着	tōchaku	**Ankunft**
駅	eki	**Bahnhof**
私鉄	shitetsu	**Privatbahn**
緑の窓口	midori no madoguchi	**Grüner Schalter**
プラットホーム	purattohōmu	**Bahnsteig**
...番線	...-ban-sen	**Gleis Nr. ...**
駅長	ekichō	**Bahnhofsvorsteher**
赤帽	akabō	**Gepäckträger *(Person)***
出札口	shussatsuguchi	**Fahrkartenschalter**
改札口	kaisatsuguchi	**Fahrkartenkontrolle, Sperre**
時刻表	jikokuhyō	**Fahrplan**
宿泊案内所	shukuhaku-an'naijo	**Hotel- und Zimmernachweis**
コインロッカー	koin-rokkā	**Münzschließfächer**
手小荷物預り所	tenimotsu-azukarijo	**Gepäckaufbewahrung**

Fahrplan

Bahnsteig	purattohōmu
Eilzug *(Ordinary Express)*	(futsū-)kyūkō
Einschienenbahn	monorēru
Fernzug	*chōkyori (enkyori)* ressha
Gleis Nr.	*(Ziffer)*-ban-sen
Kurswagen	chokutsū-sharyō
Liegewagen	kan'i-shindaisha
Personenzug	ryokakusha
Schienenbus	kidōsha, rēru-basu
Schlafwagen	shindaisha
Schnellzug *(Limited Express)*	tokubetsu-kyūkō, tokkyū
Speisewagen	shokudōsha
Sonderschnellzug *(Super Express)*	chōtokkyū, shinkansen
Triebwagen	dīzeru-kā, kidōsha
Vorortzug	kōgai-sen no ressha, rōkaru-ressha

Auf einigen Strecken in Japan verkehren supermoderne Hochgeschwindigkeitszüge, bekannt unter dem japanischen Namen Shinkansen. *Sie haben verschiedene Namen, wie* Hikari, Kodama *usw. und halten nur in größten Städten.*

Auskunft

Wann fährt der nächste *Schnellzug (Sonderschnellzug)* nach Niigata?
tsugí no Níigata-iki *kyūkō (tokkyū)* wa nan-ji ni demás^{u} ká?

Hält dieser Zug in Ueno?
konó ressha wa Uéno ni tomárimas^{u} ká?

Fährt dieser Zug über Ueno?
konó ressha wa Uéno o tōrimas^{u} ká?

Wann kommen wir in Kioto an?
Kyōto ni wa íts^{u} ts^{u}kimas^{u} ká?

Wie oft täglich verkehren die Züge auf der Tohoku-Linie?
Tōhoku-sen wa ichí-nichi ni nán-bon demas^{u} ká?

Gibt es von dort eine direkte Verbindung nach Odawara?
sokó kara Odáwara made chokkō ga arímas^u ká?

Wo muß ich umsteigen?
dóko de norikae des^u ká?

Muß ich in Kofu umsteigen?
Kōfu de norikae des^u ká?

Habe ich in Ochanomizu Umsteigemöglichkeit an die Sobu-Linie?
Ochánomizu de Sōbu-sen ni renraku sh^{i}te-imas^u ká?

Von welchem Bahnhof fahren die Züge nach Umeda?
Umeda-iki no densha wa dono eki kara dete-imas^u ká?

Komme ich mit der Osaka-Ringbahn nach Tennōji?
Ōsaka-kanjō de Tennōji e deráremas^u ká?

Gibt es einen Nachtzug nach Osaka?
Ōsaka-iki no yakō wa arimas^u ká?

Wann fährt er ab?
nán-ji ni demas^u ká?

Führt dieser Zug *Grüne-Klasse-Wagen (Schlafwagen)*?
konó ressha ni wa *gurīn-sha (shíndaisha)* ga ts^{u}ite-imas^u ká?

Kann ich in Kioto die Fahrt kurz unterbrechen?
Kyōto de chótto tochū-gesha dekímas^u ká?

Von welchem Gleis fährt der Shinkansen nach Hakata ab?
Hakata-iki no shinkansen wa nán-ban-sen kara demas^u ká?

Auf welchem Gleis kommt der Yamabiko aus Morioka an?
Moríoka-hatsu no Yamabiko wa nan-ban-sen ni ts^{u}kimas^u ká?

Wo steht der Zug nach Akita?
Ak^{i}tá-iki no ressha wa dóko ni tomatte-imas^u ká?

***Dieser Zug wird sehr voll sein. Nehmen Sie lieber den nächsten.**
konó ressha wa man'in des^u. tsugí no ressha o go-ríyō kudasai.

Fahrkarten

Bitte eine Karte in der Einheitsklasse nach Kamakura.
Kamákura-iki f^{u}tsū o ichí-mai o-negai-shimas^{u}.

Bitte zwei Grüne-Klasse-Karten für den Superexpress nach Hiroshima.
Hiróshima-iki shinkansen no gurīn-shīto o ní-mai o-negai-shimas^{u}.

Bitte eine Schlafwagenkarte für ein Unterbett im Schnellzug nach Nagasaki.
Nagásaki-iki kyūkō shindai gedan o ichí-mai o-negai-shimas^{u}.

***Bedauere sehr, es gibt nur noch Karten für Oberbetten.**
mōshiwake arimasen ga jōdan sh^{i}ka arímasen.

Bitte eine Karte für ein Mittelbett im Liegewagen nach Kanazawa.
Kanázawa-iki kan'i-shindai no chūdan o ichí-mai o-negai-shimas^{u}.

Ich möchte zwei Platzkarten für den Schnellzug nach Nara vorbestellen.
Nará-iki kyūkō no zaséki-shitei o ní-mai yoyáku shitai des^{u}.

Bitte reservieren Sie zwei Plätze im Hikari nach Kokura.
Kokura-iki no Hikári o futa-seki yoyáku sh^{i}te kudasai.

Was kostet die Fahrt nach Toba (mit dem Schnellzug)?
Tóba made (kyūkō de) o-íkura des^{u} ká?

Ich möchte diese Karte zurückgeben.
konó k^{i}ppu o haráimodoshi sh^{i}tai des^{u}.

Midori no madoguchi (Grüner Schalter) *gibt es in den Bahnhöfen der großen Städte. Die auffällige hellgrüne Farbe ist sein Kennzeichen. Dort kann man Sonderschnellzugkarten, Schnellzugkarten, Schlafwagenkarten und weitere Sonderkarten, für die eine Reservierung erforderlich ist, kaufen.*

Bahnsteigkarte	nyūjōken
ermäßigte Fahrkarte	waribikiken
Fahrkarte	kippu, jōshaken
Fahrkartenautomat	jidō-kippu-hanbaiki
Fahrpreis	jōsha-ryōkin, unchin

Japan Rail Pass	japan-reiru-pasu
Kinderfahrkarte	shōni-yō-kippu
Netzkarte	shūyūken
Platzkarte	zaseki-shiteiken, shiteisekiken
Platzreservierung	zaseki-shitei
Hin- und Rückfahrkarte	ōfuku-kippu
Schlafwagenzuschlag	shindaiken
Schnellzug-Zuschlagkarte	kyūkōken
Superexpreß-Zuschlagkarte	tokubetsu-kyūkōken, tokkyūken
Zuschlag	warimashi-ryōkin
Zuschlagkarte für die 1. Klasse ***(„Green Car“)***	gurīn-ken, ittō-ken

Gepäck

Ich möchte dieses Gepäck nach Sapporo aufgeben.
konó nimotsu o Sappóro made okúritai des^{u}.

Hier ist die Fahrkarte.
koré ga k^{i}ppu des^{u}.

Wann ist es in Sapporo?
Sappóro ni wa ítsu ts^{u}kimas^{u} ká?

Geht das Gepäck mit diesem Zug ab?
konó nímotsu wa onaji ressha de ikimas^{u} ká?

Ich möchte mein Gepäck abholen.
(watáshi no) nímotsu o tórini kimashita.

Hier ist der Gepäckschein.
(nímotsu no) azúkarishō des^{u}.

Es sind zwei Koffer und eine Reisetasche.
toránku ga f^{u}tatsu to ryokō-kaban ga h^{i}tótsu des^{u}.

Das sind nicht meine Sachen.
kore wa watáshi no mono dewa arímasen.

Es fehlt ***ein Koffer (eine Tasche).***
toránku (kabán) ga h^{i}totsu tarímasen.

Gepäckabfertigung	tenimotsu-hassōjo
Gepäckaufbewahrung	tenimotsu-ichiji-azukarijo
Gepäckschließfach	koin-rokkā
Handgepäck	tekonimotsu

Gepäckträger

Bitte rufen Sie einen Gepäckträger.
s^{u}mímasen, akábō-san o yonde kudasai.

Bitte tragen Sie dieses Gepäck zum Bahnsteig Nr. 3!
sán-ban-sen no hōmu made hakónde kudasai.

– zum Taxi
– tak^{u}shī-noriba made

– zur Bushaltestelle
– bas^{u}-noriba made

– zum Ausgang
– deguchi made

– zum Wagen Nr. 6
– roku-gō-sha made

– zum Bus nach Shinjuku
– Shinjuku-iki no bas^{u} made

– zum Schnellzug nach Beppu
– Beppu-iki no tokkyū made

Was kostet das (alles zusammen)?
(zenbu de) o-íkura des^{u} ká?

Auf dem Bahnsteig

Ist das der Zug *nach Nara (aus Kobe)*?
koré wa *Nará-iki (Kōbe kara)* no ressha des^{u} ká?

Wo sind die Wagen erster Klasse?
ittō-sha wa dóko des^{u} ká?

Ich suche den Wagen Nummer 15.
jū-go-gō-sha o sagásh^{i}te imas^{u}.

Wo ist der *Schlafwagen (Speisewagen)*?
shíndaisha (shokúdōsha) wa dóko des^{u} ká?

Der Wagen Nummer ... ist *vorn (am Ende des Zuges)*.
...-gō-sha wa *mae no hō (ichíban owari)* no ressha des^{u}.

Der Speisewagen ist in der Mitte. Es ist Wagen Nummer 5.
shokúdōsha wa mán'naka des^{u}. go-gō-sha des^{u}.

In japanischen Fernzügen und auf Bahnhöfen werden **o-bentō** *verkauft.* **o-bentō** *ist Reiseproviant, bestehend entweder nur aus japanischen oder aus japanischen und internationalen Kleinigkeiten bzw. aus Sandwiches.*

Ich habe meine Tasche im Wagen liegenlassen.
kabán o ressha ni okí-wasuremash[i]ta.

駅長室 /ekichōshitsu	**Aufsicht**
案内所 /an'naijo	**Auskunft**
出口/deguchi	**Ausgang**
…番ホームへの口 /…-ban hōmu e no renrakuguchi	**Zum Bahnsteig Nr. …**
非常口/hijōguchi	**Notausgang**
キオスク/kiosuku	**Kiosk**
売店 /baiten	**Kiosk**
手荷物預かり所 /tenimotsu-azukarijo	**Gepäckannahme**
のりば /noriba	**Bahnsteig**
旅行者救護室 /ryokōsha-kyūgoshitsu	**Sanitätsstelle**
待合室 /machiaishitsu	**Wartesaal**
新聞 /shinbun	**Zeitungen**
飲料水/inryōsui	**Trinkwasser**
便所/benjo	**Toiletten**
紳士用/shinshi-yō	**Herren**
婦人用 /fujin-yō	**Damen**

Bitte beachten Sie:
Die Fahrkarte – bis zum Zielbahnhof – kauft man beim Betreten des Bahnhofs. Beim Passieren der Sperre muß sie vorgezeigt werden. Beim Verlassen des Zielbahnhofs müssen die Fahrkarten abgegeben werden. Aus diesem Grund – und auch wegen der gelegentlichen Kontrollen in den Zügen – empfiehlt es sich, die Fahrausweise während der ganzen Fahrtdauer sorgfältig aufzubewahren.
Wenn man während der Fahrt sein Ziel ändert, kann man beim Kontrollbeamten im Zug oder am „Fare Adjustement"-Schalter evtl. Fahrpreisdifferenz bezahlen.

Im Zug

Ist dieser Platz frei?
kokó wa aíte-imas[u] ká?

Das ist mein Platz.
kokó wa watáshi no seki des[u].

Hier ist meine Platzkarte.
koré wa watáshi no sh^{i}téiseki-ken des^{u}.

Gestatten Sie?
yoróshii des^{u} ká?

Können Sie mir bitte etwas helfen?
chótto tetsúdatte kuremasen ká?

***Die Fahrkarten bitte!**
jōshaken o haiken shimas^{u}!

Hat dieser Zug einen *Speisewagen (Bufettwagen)*?
konó ressha ni wa *shokúdōsha (byúffe)* ga arímas^{u} ká?

Wie weit ist es noch bis Tokio?
Tōkyō made áto dóno gurai des^{u} ká?

Wo sind wir jetzt?
íma dóko des^{u} ká?

Ich möchte zuzahlen und in einen Wagen erster Klasse umsteigen.
tsúika-ryōkin o harátte ittō-sha e utsuritai des^{u}.

Wie lange hält hier der Zug?
konó ressha wa dono gurai koko ni tomarimas^{u} ká?

Sind wir pünktlich in Aomori?
Aomóri ni téikoku ni ts^{u}kimas^{u} ka?

Bitte sagen Sie mir, wenn wir in ... sind.
... e k^{i}tara oshíete kudasai.

Haben wir Verspätung?
okúremas^{u} ká?

Wie heißt der nächste Bahnhof?
tsugí no éki wa nán to iimas^{u} ká?

Ich steige hier aus.
kokó de orimas^{u}.

Ich habe meine Fahrkarte verloren.
k^{i}ppu o nakushimash^{i}ta.

Was soll ich jetzt tun?
dō sureba ii des^{u} ká?

禁煙席/kin'en-seki

Nichtraucher

喫煙席/kitsuen-seki

Raucher

シルバーシート/shirubā-shīto

Für Schwerbeschädigte, Kranke und alte Leute

トイレ/toire

Toilette

開/aki

Frei

使用中/shiyō-chū

Besetzt

abfahren	*shuppatsu (hassha)* suru
ankommen	tōchaku suru, tsuku
Anschlußzug	setsuzoku no ressha
Aufenthalt	taizai
Ausgang	deguchi
Auskunft	an'nai, infomēshon
aussteigen	oriru
Bahnbeamter	eki'in
Bahnhofsimbiß	eki no sutando, kan'i-shokudō
Durchgang	tsūro
einsteigen	noru
Eisenbahn	tetsudō, densha
Entfernung	kyori
Ermäßigung	waribiki
Fensterplatz	madogiwa no seki
Gang	tsūro
Gepäckablage	amidana
Gepäckstück	tekonimotsu
Güterbahnhof	kamotsu-eki
Heizung	danbō
– kalt/warm	samui/atatakai
Kiosk	eki no baiten, kiosuku
Kursbuch	jikokuhyō
Liegeplatz	kan'i-shindai
Linie	sen
Lokomotive	kikansha
Lunchpaket	o-bentō
Reservierung	yoyaku, rizābu
Schaffner	shashō
Sitzplatz	zaseki
Sperre	kaisatsu-guchi
Station	eki
Strecke	rosen
Tarif	ryōkin
umsteigen	norikaeru
Wagen, Waggon	sharyō
Wagentür	doa
Waschraum	tearai
Zugführer	kikanshi

MIT DEM SCHIFF

Auskunft und Schiffskarten

Welche Schiffstour über die Inlandsee können Sie uns empfehlen?
dóno mizúumi-yūran ga ii des^{u} ká?

Haben Sie einen Fahrplan?
jikókuhyō wa arímas^{u} ká?

Wann fährt ein Schiff (von Niigata) zur Insel Sado?
(Níigata kara no) fúne wa ítsu Sadogashima e ikimas^{u} ká?

Verkehren auf der Strecke nach Fukue auch Tragflügelboote?
F^{u}kúe made súichū-yokusen mo déte-imas^{u} ká?

Wieviel Stunden dauert die Überfahrt (von Osaka) nach Beppu?
(Ōsaka kara) Beppu madé wataru no ni nán-jikan kakarimas^{u} ká?

Wie oft am Tag geht *die Autofähre (das Luftkissenboot)* nach Takamatsu?
Takámatsu-iki no *ferī (hōbā-kuraf^{u}to)* wa ichí-nichi ni nán-kai demas^{u} ká?

Wo ist der Hafen?
mináto wa doko des^{u} ká?

Ist es weit?
tōi des^{u} ká?

An welchem Pier liegt das Schiff nach Kobe?
Kōbe-iki no fune wa dóno f^{u}tō ni teihaku sh^{i}te-imas^{u} ká?

Läuft das Schiff *die Insel Setoda (den Hafen in Tokushima)* an?
konó fune wa *Setóda (Tokushima-kō)* e yorimas^{u} ká?

Werden von Ryotsu aus Landausflüge veranstaltet?
Ryōtsu de shōryokō wa arimas^{u} ká?

Kann man bei Ihnen Karten vorbestellen?
sochíra de k^{i}ppu o yoyaku dekimas^{u} ká?

Was kostet ein Platz in einer Doppelkabine zweiter Klasse?
ni-tō no f^{u}tari-yō sensh^{i}tsu wa h^{i}tóri íkura des^{u} ká?

Ich möchte eine Einzelkabine 1. Klasse.
ittō no koshitsú ga ii des^{u}.

Bitte zwei Schiffskarten nach Kagoshima in der Economyklasse.
Kagóshima-iki no fune o ekónomí-kuras^{u} de ní-mai o-negai-shimas^{u}.

Haben Sie noch Außenkabinen?
madógawa no sensh^{i}tsu wa mada árimas^{u} ká?

***Nein, nur noch Innenkabinen.**
iié, nakágawa sh^{i}ka arímasen.

Bitte einen Beförderungsschein für ein Auto (bis 4,5 Meter Länge).
(zenchō 4.5 mētā made no) jidōsha yusō-shōmeisho o ichí-mai o-negai-shimas^{u}.

Im Hafen

Ich suche das Büro der Setonaikaikisen-Schiffsgesellschaft.
Setónaikai-kisen no jimúsho o sagash^{i}te-imas^{u}.

Können Sie mir sagen, welches von diesen Schiffen nach Kobe fährt?
dóno fune ga Kōbe e iku no ka oshíete kudasai.

Fährt *dieses Schiff (diese Fähre)* nach Hakodate?
konó *fune (ferī)* wa Hakódate e ikimas^{u} ká?

Wohin fährt dieser Vergnügungsdampfer?
kono yūran-sen wa doko e ikimas^{u} ká?

Wann legt er ab?
nán-ji ni demas^{u} ká?

Wo ist die *Hafenpolizei (Hafenzollbehörde)*?
kōwan-keisatsu (minato no zeikan) wa dóko des^{u} ká?

Ich suche den Bus für die Rundfahrt um die Insel.
shimámeguri no bas^{u} o sagásh^{i}te-imas^{u}.

An Bord

Ich suche die Kabine Nr. ...
...-gō-sensh^{i}tsu o sagash^{i}te-imas^{u}.

Haben Sie ... an Bord?
fúne ni ... wa arimas^{u} ká?

Bitte, wo finde ich ...
s^{u}mímasen, ... wa dóko des^{u} ká?

die Bar/Cafeteria .... bā/kafeteria, kafē
das Restaurant .... res^{u}toran
den Speisesaal .... dai-shokudō

Ich möchte den ... sprechen.
... to hanásh^{i}tai des^{u}.

Rufen Sie bitte den ...
... o yónde kudasai.

Kapitän .... senchō
Schiffsarzt .... sen'i
Reiseleiter .... gaido, tenjōin

Steward, bringen Sie mir (uns) bitte ...
s^{u}chíwādo-san, ... o motte k^{i}te kudasai.

Ich bin seekrank.
fúne ni yoímash^{i}ta.

Haben Sie ein Mittel gegen Seekrankheit?
funáyoi no k^{u}suri wa arimas^{u} ká?

Ich möchte mich für den Ausflug zum Ritsurin-Park anmelden.
Ritsúrin-kōen no higáeri-ryokō o mōshikomitai des^{u}.

Anker .... ikari
anlaufen .... nyūkō suru
anlegen .... setsugan suru
Anlegeplatz .... funatsukiba, hatoba
Ausflugsschiff .... yūransen
Autofähre .... kā-ferī
Backbord .... sagen
Boje .... bui
Boot .... bōto
Bord .... kanpan, fune
Bug .... senshu
Deck .... dekki, kanpan

Deckplatz	kanpan-seki
Ebbe	hikishio, kanchō
Einschiffung	jōsen
Eisenbahnfähre	tetsudō-ferī
1. Offizier	ittō-kōkaishi
Fähre	ferī
Fährschiff	ferī-bōto
Fischerboot	gyosen
Fischereihafen	gyokō
Fluß	kawa
Flut	ageshio, manchō
Frachtschiff	kamotsusen
Funkraum	musenshitsu
Gezeiten	shio no kanman
Hafen	minato
Hafengebühr	kōzei, teihakuryō
Hafenrundfahrt	minatomeguri
Halbinsel	hantō
Hauptdeck	mein-dekki, seikanpan
Heck	senbi
Insel	shima
Jacht	yotto
Jachthafen	yotto-kō
Kabine	senshitsu, kyabin
Kabinenkreuzer	yūransen
Kai	futō, sanbashi, tottei
Kajüte	senshitsu, kyabin
Kanal	unga, suiro
Klimaanlage	eakon
Knoten	notto
Kommandobrücke	burijji
Kontinent	riku, rikuchi, oka
Kreuzfahrt	yūran
Kurs	kōsu
Küste	kaigan
Küstengebiet	kaigan-chihō
Leuchtturm	tōdai
Liegestuhl	dekki-chea
Lotse	mizusaki-an'nai'nin
Luftkissenboot	hōbā-kurafuto
Mannschaft	norikumiin

Mast	masuto
Matrose	sen'in
Meer	umi
mittschiffs	sentai no chūō-bu ni/de
Mole	tottei, bōhatei
Oberdeck	jōkanpan
Ozean	taiyō, ōunabara
Parkdeck	sharyō-dekki
Passagier	jōkyaku
Passagierschiff	kyakusen
Platzreservierung	(senshitsu no) yoyaku
Reling	rankan, kanpan no tesuri
Rettungsboot	kyūmeitei
Rettungsübung	kyūjo-kunren
Rettungsweste	kyūmei-dōi
Rezeption	uketsuke, furonto
Ruder	kai, ōru, ro
Schiff	fune
Schiffsagentur	senpaku-dairinin
Schiffsreise	funatabi
Schlepper	eikōsen, hikibune
Schleuse	suimon
Schwimmweste	kyūmei-dōi
See (der)	mizuumi, numa
See (die)	umi
– auf hoher See	oki ni/de
Seegang	nami no jōtai, namidachi
Seil	tsuna
Sonnendeck	san-dekki
Steilküste	zeppeki
Steuerbord	ugen
Steuermann	dashu, kōkaishi
Tau	tsuna
Tragflügelboot	suichū-yokusen
Überfahrt	tokō
Wagendeck	sharyō-dekki
Welle	nami
Zweibettkabine	futari-yō-senshitsu, daburu no senshitsu

MIT BUS UND MIETWAGEN

Mit dem Bus

Gibt es eine Busverbindung nach Kamakura?
Kamákura-iki no bas^{u} wa arímas^{u} ká?

Veranstalten Sie auch Busrundreisen?
bás^{u} no shūyū-ryokō mo arimas^{u} ká?

Wo werden die Fahrscheine verkauft?
k^{i}ppú wa doko de utte-imas^{u} ká?

Wo ist der Busbahnhof?
bás^{u} no noriba wa dóko des^{u} ká?

Wie lange dauert die Fahrt zum Yamanaka-See?
Yamánaka-ko made dóno gurai kakarimas^{u} ká?

Was kostet die Fahrt nach Unzen?
Únzen made íkura des^{u} ká?

Wo halten die Busse der Expreßbuslinie nach Tsuyama?
Tsuyáma-iki no kyūkō-bas^{u} wa dóko ni tomarimas^{u} ká?

Ist das der Bus nach Tsukuba?
koré wa Ts^{u}kúba-iki no bas^{u} des^{u} ká?

Wohin fährt dieser Bus?
konó bas^{u} wa dóko e ikimas^{u} ká?

Wo steht der Ausflugsbus zum Oirase Tal?
Oírase made no yūran-bas^{u} wa dóko ni tomatte-imas^{u} ká?

Bushostess	basu-gaido
Fahrer	untenshu
Haltestelle	teiryūjo
klimatisiert	eakon-tsuki (no)
Linie	rosen, sen
Richtung	hōkō, hōgaku

Mit dem Mietwagen

Ich suche das Büro von Nippon Rent-A-Car.
Nippón-rénta-kā no jimúsho o sagash^{i}te imas^{u}.

Ich möchte ein Auto (ohne Fahrer) mieten.
kurúma o ichí-dai karítai des^{u}.

Ich möchte ein Auto mit Getriebeautomatik mieten.
nō-k^{u}ratchi (ōtomach^{i}kku) no kuruma o ichí-dai karítai des^{u}.

Was für eine Ermäßigung gibt es bei Ihnen?
o-táku ni wa dónna waribiki ga arimas^{u} ká?

Was kostet dieser Wagen pro *Tag (Woche, Stunde)*?
kono kuruma wa *ichí-nichi (isshūkan, ichi-jikan)* íkura des^{u} ká?

Verstehen sich die Preise *mit (ohne)* Kilometerbeschränkung?
ryōkin ni sōkō-kyori-seigen ga f^{u}kúmarete *imas^{u} (imásen)* ká?

Schließt der Mietpreis Vollkasko- und Haftpflichtversicherung ein?
ryōkin ni shatái-hoken to sóngai-baishō-hoken wa f^{u}kúmarete imas^{u} ká?

Reservieren Sie für mich diesen Wagen in Hakodate für übermorgen.
asátte Hakódate de kurúma o ichi-dai yoyáku sh^{i}te kudasai.

Ich möchte eine Insassen-Unfallversicherung abschließen.
dōjōsha-hoken o kakétai des^{u}.

Muß ich eine *Kaution hinterlegen (Anzahlung leisten)*?
hoshōkin (atámakin) o haráwanakereba narimasen ká?

Zu wessen Lasten gehen die *Wartungskosten (Kraftstoffkosten)*?
seibi-ryōkin (gasórin-dai) wa dáre no f^{u}tan ni narimas^{u} ká?

Akzeptieren Sie auch Kreditkarten?
kuréjitto-kādo de mo haráemas^{u} ká?

***Haben Sie schon einen japanischen Führerschein?**
nihón no menkyo-shō o mō o-móchi des^{u} ká?

Wann kann ich den Wagen zurückbringen?
kurúma wa its^{u} modoseba ii des^{u} ká?

Haben Sie auch eine Station in Sendai?
Séndai ni mo sābis^{u}-s^{u}tēshon ga arimas^{u} ká?

Wenn ich den Wagen dort lasse, werden Rückführungskosten berechnet?
kurúma o norisute ni suru to h^{i}kítori-ryōkin ga kakárimas^{u} ká?

Wie sind Ihre Öffnungszeiten?
o-táku wa nan-ji made aite imas^{u} ká?

Für die Beantragung eines japanischen Führerscheins (unbedingt erforderlich für Bürger der Bundesrepublik Deutschland, Österreich und der Schweiz) sind 2 Paßfotos und Vorlage des Reisepasses nötig. Am Tag der Antragstellung ist ein Seh- und Hörtest abzulegen. Anträge sind zu stellen bei Samezu Driving License Office.

Fahrzeuge

Anhänger	torērā
Auto	jidōsha, kuruma
Autobus, Omnibus	basu
Caravan	kyanpingu-kā
Fahrrad	jitensha
Fahrzeug	norimono
Geländewagen	jīpu, rando-rōbā
Lastwagen	torakku
Moped	mōtā-baiku
Motorrad	ōtobai

Motorroller	sukūtā
Personenauto	jōyōsha
Reisebus	kankō-basu

Verkehrshinweise

In Japan wird **links** *gefahren und rechts überholt. Das Straßennetz ist gut ausgebaut, die Autobahnen sind gebührenpflichtig. Innerhalb der Ortschaften gibt es jedoch viele enge Straßen ohne Bürgersteige, in denen Verkehrsstockungen die Regel sind. Die meisten Verkehrszeichen entsprechen den internationalen Regelungen.*
In großen Städten gibt es an Wochenenden und Feiertagen ein generelles Fahrverbot auf den Hauptstraßen (Ausnahmen Ambulanz, Feuerwehr usw.). Japaner nennen das **hokōsha-tengoku** *(der Himmel für Fußgänger). Es werden Getränke und Eis verkauft, man darf sich in die Straßenmitte setzen und sich ausruhen.*

Einige japanische Verkehrs- und Hinweiszeichen:

工事中	kōjichū	**Baustelle, Bauarbeiten**
徐行	jokō	**Langsam fahren!**
止まれ	tomare	**Halt!**
注意	chūi	**Vorsicht!**
迂回	ukai	**Umleitung!**
警笛禁止	keiteki-kinshi	**Hupen verboten!**
Uターン禁止	yū-tān-kinshi	**Wenden verboten!**
速席制限解除	sokudo-seigen kaijo	**Ende der Geschwindigkeitsbeschränkung**
危険	kiken	**Gefahr!**
駐車場	chūshajō	**Parkplatz**
駐車禁止	chūsha-kinshi	**Parken verboten!**
一方通行	ippō-tsūkō	**Einbahnstraße**
高速道路	kōsoku-dōro	**Autobahn**

Fragen nach dem Weg

Wie komme ich (von hier) zum Aso-Nationalpark?
(kokó kara) Aso-kokúritsu-kōen made dō ikeba ii des^{u} ká?

Wo ist die Chuo-Autobahn?
Chūō-kōsoku(-dōro) wa dóko des^{u} ká?

Ist das die Straße nach Akashi?
koré wa Akáshi-iki no dōro des^{u} ká?

Gibt es noch eine andere Straße zum Biwa-See?
Biwá-ko e wa hoká no michi mo arimas^{u} ká?

Wie heißt dieser Ort?
kokó wa dóko des^{u} ká?

Wo geht es nach Kumamoto?
Kumámoto-iki no michi wa dóko des^{u} ká?

Wie weit ist es noch bis Ise?
Íse made áto dóno gurai des^{u} ká?

Können Sie mir den Weg zum Kokubun-Tempel *zeigen (hier aufzeichnen)*?
Kokúbunji made no michi o *oshíete (kokó ni kaite)* kuremasen ká?

Bitte zeigen Sie mir auf dieser Karte, wo ich jetzt bin.
s^{u}mímasen ga watáshi no ima iru tokoro o konó chizu de oshíete kudasai.

In welcher Richtung liegt die Iso-Panoramastraße?
Íso-ténbō-dōro wa dóchira des^{u} ká?

***Sie müssen weiter geradeaus fahren.**
mótto massúgu itte kudasai.

***Sie müssen zurückfahren.**
modótte kudasai.

***Biegen Sie an der nächsten Kreuzung nach *rechts (links)* ab.**
tsugí no kōsaten de *migí (hidári)* e magátte kudasai.

***Ich weiß es leider nicht.**
wakárimasen.

***Es ist nicht weit (von hier).**
(kokó kara) amári tōku arimasen.

Ist diese Straße sehr *kurvenreich (schmal)*?
konó michi wa *kābu ga ōi (semai)* des^{u} ká?

Fahren

Fahren Sie nach Kagoshima?
Kagóshima made ikímas^{u} ká?

Ich fahre nach Miyazaki.
(watáshi wa) Miyázaki e ikimas^{u}.

Kann ich bis Hyuga mitfahren?
Hyūga made isshó ni ts^{u}rete-itte kuremasen ká?

anhalten *(stoppen)*	tomaru
aussteigen	oriru
ausweichen	yokeru
bremsen	burēki o kakeru
sich einordnen	...-shasen ni hairu
einsteigen	noru
fahren	hashiru, unten suru
– langsam/schnell	yukkuri/hayaku
halten	tomaru
lenken	unten suru
überholen	oikosu
wenden	yū-tān suru
absolutes Halteverbot	chū-teisha-kinshi
Ampel	shingō
Ausfahrt	deguchi
Autobahn	kōsoku-dōro, autobān
Autobahnauffahrt	(kōsoku-dōro no) iriguchi
Autobahnausfahrt	(kōsoku-dōro no) deguchi
Automobilklub	jidōsha-*kurabu (-renmei)*
Bahnübergang	fumikiri
Baustelle	kōjigenba
Durchfahrt	tsūka
– keine Durchfahrt	tōrinuke-kinshi
Einbahnstraße	ippō-tsūkō
Einfahrt	iriguchi
Einmündung	gōryūten
Fahrspur	shasen
Fahrt	doraibu, sōkō
Fahrtrichtung	shinkō-hōkō
Fernstraße	kansen-dōro
Fußgängerüberweg	hodōkyō
Gebühr	ryōkin
Gegenfahrbahn	*hantai- (taikō-)* shasen

Geschwindigkeitsbegrenzung	*sokudo- (supīdo-)* seigen
Halteverbot	teisha-kinshi
Höchstgeschwindigkeit	saikō-sokudo
Hupverbot	keiteki-kinshi
Kreisverkehr	rōtarī, kanjō-kōsaro
Kreuzung	kōsaten
Kurve	kābu
Landstraße	kaidō
Maut	tsūkō-ryōkin
Mautstelle	ryōkinjo, ryōkin-chōshūjo
Mittelstreifen	chūō-bunritai
Notruf	hijō-denwa
Ortstafel	chimeihyō, an'nai-hyōshiki
Parkplatz	chūshajō, pākingu-eriya, pākingu
Parkuhr	pākingu-mētā
Parkverbot	chūsha-kinshi
(Gebirgs-)Paß	kandō, tōge-michi
Querstraße	kōsaro, yoko no michi
Randstreifen	taihisen, rokata, rosokutai
Raststätte	kyūkeijo, sābisu-eria
Serpentine	tsuzuraori (no dōro)
Steigung	noborizaka, (nobori-)kōbai
Straße	dōro, michi
Straßenschild	dōro-*hyōshiki (hyōji)*
Straßenzustand	dōro-jōkyō
Tunnel	ton'neru
Überholverbot	oikoshi-kinshi
Umleitung	ukai, mawarimichi
Verkehr	kōtsū
Verkehrspolizei	kōtsū-keisatsu
Verkehrsregeln	kōtsū-kisoku
Verkehrsschild	kōtsū-hyōshiki
Vorfahrtsrecht	senkōken, yūsenken
Wegweiser	*dōro- (an'nai-)* hyōshiki, michishirube
Zebrastreifen	ōdan-hodō

Garage, Parkplatz

Wo kann ich meinen Wagen parken?
kurúma wa dóko ni tomereba ii des^{u} ká?

Kann ich den Wagen hier stehenlassen?
(watáshi no) kuruma o kokó ni tométe-oite mo íi des^{u} ká?

Ist hier in der Nähe *eine Garage (ein Parkplatz/ein Parkhaus)*?
konó ch^{i}kaku ni *garēji (chūshajō)* wa arimas^{u} ká?

Darf man hier parken?
kokó ni chūsha sh^{i}te mo íi des^{u} ká?

Wie lange darf man hier parken?
dóno gurai tomete-okemas^{u} ká?

Ist der Parkplatz bewacht?
konó chūshajō ni wa shuéi ga imas^{u} ká?

Ist noch ein Platz frei?
mada bashó ga aite-imas^{u} ká?

Was kostet das Unterstellen *pro Tag (bis ...)*?
chūsha-ryōkin wa *ichí-nichi (... made)* íkura des^{u} ká?

Ist *die Garage (das Parkhaus)* die ganze Nacht geöffnet?
garēji (chūshajō) wa h^{i}toban-jū aite-imas^{u} ká?

Wann kann ich morgen früh den Wagen aus der Garage holen?
asú no asa nán-ji ni (garēji ni) kuruma o tori ni ikeba ii des^{u} ká?

Ich kann nicht aus der Garage rausfahren.
garēji kara deráremasen.

Ein Wagen versperrt den Weg.
kurúma ga ichí-dai michí o f^{u}saide-imas^{u}.

駐車禁止	chūsha-kinshi	**Parkverbot**

Tankstelle, Kundendienst

Wie weit ist es bis zur nächsten Tankstelle?
tsugí no gasórin-s^{u}tando made dóno gurai des^{u} ká?

Ist die Tankstelle *noch (24 Stunden)* geöffnet?
gasórin-s^{u}tando wa *máda (nijū-yo-jikan)* aíte-imas^{u} ká?

Geben Sie mir bitte 20 Liter *Normalbenzin (Super, Diesel)*.
nōmaru (sūpā, dīzeru) o ni-jū rittā irete kudasai.

Den Tank voll, bitte.
mántan ni sh^{i}te kudasai.

Ist noch genug Öl da?
óiru wa máda ii des^{u} ká?

Kontrollieren Sie bitte *das Kühlwasser (den Ölstand)*.
réikyakusui (oiru no bunryō) o shirábete kudasai.

Kann ich bei Ihnen eine *Halogen-Ersatzbirne (Straßenkarte)* bekommen?
harógen-ranpu no denkyū (chízu) wa arimas^{u} ká?

***Es ist noch genug Öl da.**
óiru wa jūbun des^{u}.

***Ich habe 1 Liter nachgefüllt.**
ichí-rittā iremash^{i}ta.

Kann ich bei Ihnen den Wagen waschen lassen?
o-táku de sensha wa dekimas^{u} ká?

Autowaschanlage	senshajō, kā-wosshu
Benzintank	gasorin-tanku
Bremsflüssigkeit	burēki-oiru
destilliertes Wasser	jōryūsui
Frostschutzmittel	tōketsu-bōshizai
Motorenöl	enjin-oiru
Ölwechsel	oiru-kōkan
Reservekanister	supeā-tanku
Tankwart	kyūyu-gakari, gasorin-sutando no jūgyōin

ガソリンスタンド	gasorin-sutando	**Tankstelle**
無鉛	muen	**Bleifrei**

Reifendienst

Ich habe eine Reifenpanne.
pánku shimash^{i}ta.

***Mit diesem Reifen können Sie nicht weiterfahren.**
konó taiya de koré ijō hashítte wa ikémasen.

Reparieren Sie bitte diesen Reifen.
konó taiya o shūri sh^{i}te kudasai.

Kann ich bei Ihnen einen neuen Reifen bekommen?
atárashii taiya wa arímas^{u} ká?

Würden Sie bitte den Reifendruck prüfen?
kūkiatsu o shirábete kudasai.

Ich glaube, dieser Reifen hat etwas zu wenig Luft.
konó taiya no kūkiatsu wa sagátte imas^{u}.

Hat das Reserverad genug Luft?
s^{u}péā-taiya no kūkiatsu wa ii des^{u} ká?

aufpumpen	taiya ni kūki o ireru
Felge	rimu
Hinterrad	kōbu-sharin, kōrin
Rad	taiya, sharin
Radwechsel	taiya-kōkan
Reifen	taiya
Schlauch	chūbu
schlauchlos	chūburesu
Ventil	pisuton, ben
Vorderrad	zenbu-sharin, zenrin
Winterreifen	sunō-taiya

1 Meile = 1,61 km	50 Meilen/h = 80 kmh
0,62 Meilen = 1 km	31,1 Meilen/h = 50 kmh

Panne, Unfall

Ich habe eine Motorpanne.
énjin ga koshō shimash^{i}ta.

Ich habe einen Unfall verursacht.
jíko o okoshimash^{i}ta.

Ich habe einen Unfall gehabt.
jíko ga okimash^{i}ta.

Ich habe kein Benzin mehr.
gasórin ga nakúnarimash^{i}ta.

Bitte helfen Sie mir!
tas^{u}kéte kudasai!

Rufen Sie die Polizei.
kéisatsu o yonde kudasai.

Rufen Sie schnell einen *Rettungswagen (Arzt)*!
isóide *kyūkyūsha (ishá)* o yonde kudasai!

Wo ist Verbandszeug?
kyūkyūbako wa dóko des^{u} ká?

Würden Sie mir Treibstoff geben?
gasórin o wakete kuremasen ká?

Könnten Sie diese Nummer anrufen und sagen, was passiert ist?
kokó ni denwa sh^{i}te nani ga okotta ka o ts^{u}táete kudasai.

Könnten Sie *mich bis … mitnehmen (meinen Wagen abschleppen)*?
watáshi *o … made noséte-itte (no kuruma o hippátte)* kudasai.

Könnten Sie mir einen *Mechaniker (Abschleppwagen)* schicken?
séibi-in (kén'insha) o yokósh^{i}te kudasai.

Könnten Sie sich um die Verletzten kümmern?
kegánin no sewa o sh^{i}te kudasai.

Ich bin ins Schleudern geraten.
s^{u}rípp^{u} shimash^{i}ta.

Ich bin von der Fahrbahn abgekommen.
dōro kara tobídashimash^{i}ta.

Der Wagen hat *die Vorfahrt mißachtet (plötzlich gebremst)*.
anó kuruma wa *senkōken o múshi shimash^{i}ta (kyū-b^{u}rēki o kakemash^{i}*ta).

Pannenhilfe wird in Japan vom Japanischen Automobilklub JAF [jafu] geleistet.

Der Wagen ...
anó kuruma wa ...

– hat *nicht geblinkt (in gefährlicher Weise überholt)*.
– *uínkā o dashímasen* desh^{i}ta *(mubō na oikoshi o shimash^{i}ta)*.

– ist zu schnell gefahren.
– s^{u}pīdo o dashí sugi mash^{i}ta.

– ist von hinten aufgefahren.
– ushíro kara tsuitotsu shimash^{i}ta.

– hat bei Rot nicht gehalten.
– aká-shingō de tomárimasen desh^{i}ta.

– ist ohne Licht gefahren.
– raito o ts^{u}kézu ni hashirimash^{i}ta.

Ihre *Versicherungsnummer (Personalien und Adresse)*?
(anáta no) *hokén no bangō (jūsho-shimei)* wá?

Es ist niemand verletzt.
kegánin wa imasen.

Vielen Dank (für die Hilfe).
dōmo arígatō gozaimas^{u}.

Abschleppdienst	*rekkā- (ken'in-)* sābisu
Alkoholtest	*inshuryō- (arukōru-)* tesuto
Auffahrunfall	tsuitotsu
Aufprall	daboku
Autokennzeichen	nanbā-purēto
Blechschaden	shatai-hifukubu no sonshō
Insasse	dōjōsha
Motorpanne	enjin-koshō
Notruftelefon	hijō-denwa
Protokoll	chōsho
Sanitätsstelle	kyūgosho
Totalschaden	zenson
Unfall	jiko
Unfallgegner	jiko-aite
Unfallskizze	genba no mitorizu
Unfallzeit	jiko-hassei-jikan
Unfallzeuge	(jiko no) mokugekisha
Versicherungskarte	hokenshōsho
Zusammenstoß	shōtotsu

Reparaturwerkstatt

Der Wagen ist nicht in Ordnung.
kurúma no chōshi ga hen des^{u}.

Bitte sehen Sie nach, wo etwas nicht in Ordnung ist.
dóko ga okashii ka shirábete kudasai.

... ist nicht in Ordnung.
... ga *okashii (hen)* des^{u}.

... ist gerissen.
... ga kírete-imas^{u}.

... klemmt.
... ga hasámatte-imas^{u}.

... funktioniert nicht.
... ga ugókimasen.

Man hört *im Motorraum (irgendwo hinten)* eigenartige Geräusche.
bón'netto no naka (ushíro no hō) de hén'na oto ga shimas^{u}.

Können Sie feststellen, wo etwas nicht in Ordnung ist?
dóko ga okashii ka shirábete kudasai.

Können Sie das provisorisch reparieren?
ōkyū-shūri o sh^{i}te kudasai.

Kann ich mit dem Wagen weiterfahren?
konó kuruma de motto hashitte mo daíjōbu des^{u} ká?

Wie lange dauert die Reparatur?
shūri ni donó gurai kakarimas^{u} ká?

Geben Sie mir bitte eine spezifizierte Rechnung.
seikyūsho no meisai o o-negai shimas^{u}.

Ich lasse den Wagen hier. Können Sie die Autovermietung ... anrufen und sagen, daß der Wagen hier abzuholen ist?
kurúma o kokó ni okimas^{u}. ...-renta-kā ni denwa sh^{i}te konó kuruma o kokó e tori ni kuru yō itte kudasai.

Wagenteile, Reparaturen

Abblendlicht	passhingu-raito
Anlasser	s^{u}tātā
Armaturenbrett	dasshu-bōdo
Auspuff	ekizōsuto-paipu
Außenspiegel	*fendā- (saido-)*mirā
Automatikgetriebe	nō-kuratchi, ōtomachikku
Batterie	batterī
Beifahrersitz	joshuseki
Benzinleitung	gasorin-paipu
Benzinpumpe	gasorin-ponpu
Birne	denkyū
Blinker	uinkā, hōkō-shijiki
Bremse	burēki
Bremspedal	burēki-pedaru
Bremsschlauch	burēki-chūbu
Einspritzpumpe	kikaki, kyaburētā
Ersatzteil	kōkan-buhin, supeā-pātsu
Fahrersitz	untenseki
Feder	supuringu
Fehlzündung	fuhatsu
Fernlicht	bīmu-raito
Fußbremse	futto-burēki

Laden Sie bitte die Batterie nach.
battérī no jūden o sh^{i}te kudasai.

Mit den Bremsen ist etwas nicht in Ordnung.
b^{u}rēki no chōshi ga hen des^{u}.

Der Wagen zieht nach *links (rechts)*.
kurúma ga *hidári (migí)* ni yori mas^{u}.

***Das Bremslicht (Ein Blinker)* funktioniert nicht.**
b^{u}rēki-ranpu (uínkā) ga ts^{u}kimasen.

Der dritte Gang *läßt sich nicht einlegen (springt heraus)*.
sādo-giya ga *haírimasen (modótte shimaimas^{u})*.

Gang	giya
– erster Gang	fāsuto-giya
– Gang einlegen	giya o ireru
Gangschaltung	giya-chenji
Gangwähler	giya-serekutā
Gaspedal	akuseru
Getriebe	giya
Glasscheibe	mado-garasu
Griff	rebā, totte
Halogenlampe	harogen-ranpu
Handbremse	*saido- (hando-)* burēki
Heckscheibenbeheizung	nessen-shiki-riya-uindō
Heizung	hītā, hītingu, danbō
Hupe	kurakushon, keiteki
Isolierung	zetsuentai
Kabel	kōdo, densen
Kardanwelle	puropera-shafuto, suishinjiku
Karosserie	shatai, bodī
Keilriemen	fan-beruto
Kilometerzähler	sōkō-kyorikei, roteikei
Kofferraum	toranku
Kofferraumhaube	bon'netto
Kontakt	sesshoku, kontakuto
Kotflügel	doroyoke, fendā
Kühler	rajiētā, reikyakuki
Kupplungspedal	kuratchi
Kurzschluß	shōto

Hier tropft *Benzin (Öl, Bremsflüssigkeit, Wasser).*
kokó kara *gasórin (óiru, b^{u}rēki-óiru, mizú)* ga morete-imas^{u}.

Die Kupplung *trennt nicht (schleift).*
kurátchi ga *kirémasen (s^{u}rípp^{u} shimas^{u}).*

Die *Ladekontrollampe (Öldruckkontrollampe)* leuchtet während der Fahrt auf.
sōkōchū ni *battérī (yuátsu)* no ranpu ga ts^{u}kimas^{u}.

Lampe	ranpu, denkyū
Leerlauf	aidoringu, nyūtoraru
Lenkrad	handoru
Lenkradschloß	handoru-rokku
Lenkung	unten
Licht	(heddo-)raito
Lichtmaschine	hatsudenki
Lichtumschalter	genkō-suitchi
Motor	enjin
Nebelscheinwerfer	fogu-ranpu
Ölpumpe	oiru-ponpu
Parkleuchte	chūshatō
Regler	kontorōru
Rücksitz	kōbu-zaseki, bakku-shīto
Rückspiegel	bakku-mirā
Rückwärtsgang	bakku-giya, ribāsu
Schalter	suitchi
Schalterhebel	suitchi-rebā
Scheibenwaschanlage	uindo-wosshā
Scheibenwischer	waipā
Scheinwerfer	heddo-raito, zenshōtō
Schiebedach	san-rūfu
Schlauch	chūbu
Schlußleuchte	bitō, tēru-ranpu
Seitenrückspiegel	saīdo-/fendā-mirā
Sicherheitsgurt	shīto-beruto
Sitz	shīto
Stoßdämpfer	shokku-abusōbā
Stoßstange	banpā

Die Lichtmaschine funktioniert nicht.
jenérētā ga k^{i}kimasen.

Der Motor zieht nicht.
s^{u}pīdo ga agárimasen.

Der Motor klopft.
nókku shimas^{u}.

Der Motor setzt plötzlich aus.
hénsoku des^{u}.

Der Wagen springt nicht an.
énjin ga kakárimasen.

Tachometer	supīdokei
Thermostat	sāmostatto
Türschloß	doa-rokku
Unterbrecher	shadanki, danzokuki
Ventil(e)	ben
Ventilator	kankisōchi, eakon
Vergaser	kyaburētā, kikaki
Verteiler	disutoribyūtā
Warnblinkanlage	hijō-tenmetsu-hyōjitō, keikokutō
Wasserpumpe	ponpu
Windschutzscheibe	furonto-gurasu
Zündkerze	*tenka- (supāku-)* puragu
Zündschloß	sutātā
Zündschlüssel	igunisshon-kī
Zündung	tenka
Zylinder	shirindā

Eine Sicherung muß durchgebrannt sein.
hyūzu ga tónda yō des^{u}.

Die Temperaturanzeige zeigt ständig zu hoch an.
óndokei ga zutto kōon o sash^{i}te-imas^{u}.

***Überprüfen (Reinigen)* Sie bitte den Vergaser.**
kyabúrētā o *míte (kirei ni sh^{i}te)* kudasai.

Mit der Zündung stimmt etwas nicht.
ténka no guai ga okáshii des^{u}.

Der Zündschlüssel ist abgebrochen.
kī ga órete shimaimash^{i}ta.

Der Zündschlüssel steckt innen.
kī o sáshita-mama dóa ga shimarimash^{i}ta.

Können Sie das schweißen?
koré o yōsetsu sh^{i}te kuremasen ká?

Werkzeug, Zubehör

Abschleppseil	ken'in-rōpu, ken'in-zairu
Dachgepäckträger	yane no nidai
Dichtung	pakkingu
Draht	harigane
Feile	yasuri
Feuerlöscher	shōkaki
Hammer	kanazuchi, hanmā
Luftpumpe	kūki-ponpu
Meißel	nomi
Prüflampe	tesuto-ranpu
Schmirgelpapier	kamiyasuri
Schneeketten	chēn, sunō-chēn
Schraube	neji
Schraubenschlüssel	supana, renchi
Schraubenzieher	nejimawashi
Schutzhelm	herumetto
Starthilfekabel	batterī-kōdo
Steckschlüssel	hako-supana
Trichter	jōgo
Verbandkasten	kyūkyūbako
Wagenheber	jakki
Warndreieck	keikoku-hanshaban, teishi-hyūjiki
Werkzeug	dōgu
Zange	penchi
Zündkerzenschlüssel	puragukī

Können Sie mir ... leihen?
... o kash^{i}te kuremasen ká?

Ich brauche ...
... ga irimas^{u}.

Ich brauche so eine Schraube wie diese.
kónna neji ga irimas^{u}.

Ich brauche ein Stück Draht.
harígane ga ippon irimas^{u}.

UNTERKUNFT

Zimmersuche und Zimmerreservierung

Können Sie mir ein (preiswertes) Hotel in Nara empfehlen?
Nára no (yasúi) hóteru o oshíete kudasai.

Haben Sie eine Liste von *empfehlenswerten (preiswerten)* Unterkünften?
íi (yasúi) hóteru no rís^{u}to ga arimas^{u} ká?

Ich suche eine Familienpension, die auch ausländische Touristen aufnimmt.
gaíkoku-jin mo tomáreru mínshuku o sagash^{i}te-imas^{u}.

Ich möchte gern ein Zimmer für zwei Personen in einem Ryokan reservieren.
ryokán ni f^{u}tari-yō no heya o h^{i}tótsu yoyáku sh^{i}tai des^{u}.

Ist es *ein Erste-Klasse-Hotel (eine Erste-Klasse-Unterkunft)*?
koré wa ichíryū no *hoteru (yado)* des^{u} ká?

Ist das ein Hotel mit internationaler Küche?
kono hoteru ni wa gáikoku-ryōri ga arimas^{u} ká?

Bitte reservieren Sie ein Zimmer für eine Nacht in einem Business-Hotel in ...
... no bijines^{u}-hoteru ni h^{i}toban h^{i}toma tótte kudasai.

Wieviel muß ich anzahlen?
maekin wa íkura des^{u} ká?

Wo liegt das Hotel?
hoteru wa dóko ni arimas^{u} ká?

Wo ist das Sendai City Hotel?
Sendai-shitī-hoteru wa dóko des^{u} ká?

Bitte fahren Sie uns ins Hachinohe Grand Hotel.
hachínohe-gurándo-hoteru made itte kudasai.

Gibt es einen Hotelbus vom Shiba Park Hotel?
Shíba-pāku-hoteru made hotéru-bas^{u} ga arimas^{u} ká?

ホテル予約	hoteru-yoyaku	**Hotelreservierung**
(一流) ホテル	(ichiryū-)hoteru	**(erstklassiges) Hotel**
旅館	ryokan	**japanische Pension**
民宿	minshuku	**Familienpension**
ユースホステル	yūsu-hosuteru (JYH)	**Jugendherberge**
国民宿舎	kokuminshukusha ...	**Volkspension**

Am Empfang

Mein Name ist Huber. Ich habe bei Ihnen ein Zimmer reserviert.
watáshi wa hūbā des^u. o-táku ni heyá o h^{i}totsu yoyáku shimash^{i}ta.

Das Reisebüro ... hat (für mich/uns) hier ein Zimmer reserviert.
... ryokō-dairiten ga heyá o h^{i}totsu o-táku ni yoyáku shimash^{i}ta.

Haben Sie noch etwas frei?
máda heyá ga arimas^u ká?

***Wie lange wollen Sie bleiben?**
nán-nichi gurai o-tomari des^u ká?

Ich hätte gern	... o-negai shimas^u
ein Einzelzimmer	shinguru no heya o h^{i}totsu
ein Doppelzimmer	daburu no heya o h^{i}totsu
ein ruhiges Zimmer	shizukana heya o h^{i}totsu
– im westlichen Stil	yōma no
– im japanischen Stil	*nihonma (washitsu)* no
– mit Bad	furo-ts^{u}ki no
– mit Dusche	shawā-ts^{u}ki no
– mit Toilette	toire-ts^{u}ki no
– mit Meerblick	umi o miharaseru
– mit Blick auf den Garten	niwa no mieru
– mit Blick auf den Fuji	Fuji-san no mieru
– im höheren Stockwerk	ue no kai no

Bitte ... für *eine Nacht (zwei Tage, eine Woche, zwei Wochen).*
... o *ippáku (f^{u}tsúka, isshūkan, ní-shūkan)* o-negai shimas^u.

Kann ich mir das Zimmer ansehen?
sonó heya o mísete kudasai.

***Bedauere, es ist alles belegt.**
zán'nen nagara mán'in des^u.

Es gefällt mir.
kokó de kekkō des^u.

***Ich nehme (Wir nehmen)* es.**
kokó o o-negai shimas^u.

Können Sie mir noch ein anderes Zimmer zeigen?
hoká no heya o mísete kuremasen ká?

Können Sie noch ein (Kinder-)Bett hereinstellen?
(kodómo-yō-)beddo o mō h^{i}totsu iréte kuremasen ká?

Preis

Wieviel kostet dieses Zimmer pro *Tag (Woche)*?
konó heya wa *ippáku (isshūkan)* íkura des^u ká?

– **mit Frühstück**
chōshoku-ts^{u}ki

– **mit Halbpension**
ni-shoku-ts^{u}ki

– **mit Vollpension**
san-shoku-ts^{u}ki

Ist *alles (die Benutzung von ...)* inbegriffen?
zénbu (... no shiyōryō wa) f^{u}kumarete-imas^u ká?

Haben Sie eine Preisliste der kostenpflichtigen Serviceleistungen?
tokúbetsu-sābis^u no ryōkinhyō wa arímas^u ká?

Gibt es für Kinder eine Ermäßigung?
kodómo-ryōkin wa arimas^u ká?

Wieviel soll ich anzahlen?
maékin wa ikura des^u ká?

Wieviel macht es insgesamt?
zénbu de íkura des^u ká?

Anmeldung, Gepäck

***Ich möchte mich (Wir möchten uns)* anmelden.**
chekku-in sh^{i}tai des^u.

Brauchen Sie den Paß?
pas^{u}pōto ga irimas^u ká?

***Füllen Sie bitte das Anmeldeformular aus.**
yadóchō ni kinyū sh^{i}te kudasai.

Was muß ich hier ausfüllen?
kokó e wa náni o kakeba ii des^u ká?

***Ihre Unterschrift genügt.**
sain dake de kékkō des^u.

***Wo ist Ihr Gepäck?**
o-nímotsu wa dóko des^u ká?

***Ist das Ihr Gepäck?**
koré wa anáta no o-nímotsu des^u ká?

Das Gepäck ist noch im Taxi.
nímotsu wa máda ták^{u}shī ni arimas^u.

Können Sie das Gepäck holen lassen?
nímotsu o hakóbasete kudasai.

Ist mein Gepäck schon auf dem Zimmer?
(watáshi no) nímotsu wa mō heyá ni arimas^u ká?

Kann ich mein Gepäck hierlassen?
nímotsu wa kokó ni oite-oite mo ii des^u ká?

Ich möchte diese Sachen im Hotelsafe aufbewahren.
koré o hoteru no kínko ni azúketai des^u.

Rezeption, Portier

Bitte den Schlüssel von Nr. ...
...-gō-sh^{i}tsu no kagí o o-négai shimas^{u}.

Ist Nr. ... schon frei?
...-gō-sh^{i}tsu wa mō akímash^{i}ta ká?

Ist Post für mich da?
watáshi ate no yūbinbutsu ga k^{i}té-imas^{u} ká?

Rufen Sie bitte ein Taxi.
ták^{u}shī o yonde kudasai.

Haben Sie *Ansichtskarten (Briefmarken)*?
ehágaki (k^{i}tté) wa arímas^{u} ká?

Kann ich von meinem Zimmer aus nach ... telefonieren?
heyá kara ... e dénwa dekimas^{u} ká?

Ich möchte ein Ferngespräch nach ... anmelden.
... e no chōkyori-denwa o mōshikomitai des^{u}.

Ich erwarte ein Gespräch aus *Deutschland (Österreich, der Schweiz)*.
dóits^{u} (ōs^{u}toria, súis^{u}) kara no denwa o mátte-imas^{u}.

Wo kann man hier gut und preiswert essen?
konó hen de wa shokúji wa doko ga oíshikute yasúi des^{u} ká?

Kennen Sie in der Nähe ein Restaurant mit *westlicher (japanischer, chinesischer)* Küche?
konó hen ni *yōshoku (washóku, chūka-ryōri)* no rés^{u}toran ga arimas^{u} ká?

Bitte bestellen Sie für 8 Uhr in ... einen Tisch für 3 Personen.
hachí-ji ni ... de san-nin-yō no tēburu o h^{i}totsu yoyáku sh^{i}te kudasai.

Können Sie uns ... besorgen?
... o sewa sh^{i}te kudasai.

Wo kann man ... mieten?
... wa dóko de kariraremas^{u} ká?

Kann man hier irgendwo *deutsche (englische)* Zeitungen bekommen?
konó hen de *doits^{u}-go no shinbun (eiji-shinbun)* o utté-imas^{u} ká?

Wir gehen jetzt *in die Stadt (zum Strand).*
machí (káigan) e ikimas^{u}.

Ich bin jetzt *in der Halle (in der Bar).*
íma *róbī (bā)* ni imas^{u}.

Wo ist der Speisesaal?
shokúdō wa dóko des^{u} ká?

Wann gibt es *Frühstück (Abendessen)*?
chōshoku (yūshoku) wa nán-ji des^{u} ká?

Können wir auf dem Zimmer frühstücken?
heyá de chōshoku o toremas^{u} ká?

Können wir morgen schon um ... Uhr das Frühstück bekommen?
ash^{i}ta ...-ji ni mō chōshoku o toremas^{u} ká?

Für morgen bitte *ein Lunchpaket (zwei Lunchpakete).*
ash^{i}ta o-béntō o *h^{i}totsu (f^{u}tatsu)* o-négai shimas^{u}.

Wecken Sie mich bitte morgen um ... Uhr.
ash^{i}ta ...-ji ni okósh^{i}te kudasai.

Ich habe den Schlüssel verloren.
kagí o nak^{u}shimash^{i}ta.

Ich habe den Schlüssel im Zimmer gelassen.
heya ni kagí o oki-wasuremash^{i}ta.

***Kann ich (Können wir)* noch eine Nacht hierbleiben?**
mō ippaku dekimas^{u} ká?

Kann ich bei Ihnen Geld wechseln?
ryōgae sh^{i}te kudasaimasen ká?

Akzeptieren Sie Kreditkarten?
kuréjitto-kādo de mo íi des^{u} ká?

Zimmermädchen

Herein!
dōzo!

Einen Moment, bitte!
chótto mátte kudasai.

Wir gehen in einer *Viertelstunde (halben Stunde)*.
jūgo-fun (han-jikan) sh^{i}tara dekakemas^{u}.

Bringen Sie *uns/mir* bitte ...
... o mótte-k^{i}te kudasai.

- **einen Aschenbecher** .... haizara
- **noch eine Decke** .... mō ichi-mai mōfu
- **noch ein Handtuch** .... mō ichi-mai taoru
- **ein paar Kleiderbügel** .... mō s^{u}koshi hangā
- **noch ein Kopfkissen** .... mō h^{i}totsu makura
- **noch ein Sitzkissen** .... mō h^{i}totsu zabuton

Welche Stromspannung haben Sie hier?
kokó no den'atsu wa nán-boruto des^{u} ká?

Könnten Sie die Heizung etwas *aufdrehen (drosseln)*?
dánbō o s^{u}koshi *iréte (yowámete)* kudasai.

Bitte lassen Sie *diese Wäsche waschen (diesen Anzug reinigen)*.
kono *séntakumono o sentaku (sebiro o kurīningu)* ni dash^{i}te kudasai.

***Wollen Sie jetzt ein Bad nehmen?**
o-fúro ni nasaimas^{u} ká?

***Bitte machen Sie es sich bequem, der Yukata liegt für Sie bereit.**
o-ráku ni dōzo. yúkata o o-méshi ni natte kudasai.

Yukata *(ein einfacher Baumwollkimono) und dazugehörende Gürtel gibt es in den meisten Hotels als Schlafanzug.*

***Ist das Bad heiß genug?**
yukágen wa ikága des^{u} ká?

***Hier ist ein Badetuch.**
táoru wa kokó des^{u}.

***Ich werde jetzt *Ihr Bett (Ihre Betten)* bereiten.**
tokó o o-ts^{u}kuri shimas^{u}.

***Möchten Sie jetzt das *Frühstück (Abendessen)* haben?**
chōshoku (yūshoku) ni nasaimas^{u} ká?

Vielen Dank für Ihre Mühe.
dōmo arigatō gozaimas^{u}.

Beanstandungen

In meinem Zimmer ist kein Licht.
heyá no akari ga ts^{u}kimasen.

Das Telefon funktioniert nicht.
dénwa ga kakarimasen.

Die Klimaanlage funktioniert nicht.
reibō ga k^{i}kimasen.

***Der Fernseher (Diese Steckdose)* scheint kaputt zu sein.**
térebi (kónsento) ga kowárete-iru yō des^{u}.

Es ist (abends) etwas laut hier.
kokó wa (yoru) s^{u}kóshi urúsai des^{u}.

***Dieses Fenster (Die Schiebetür)* läßt sich nur schwer öffnen.**
konó mado (shōji od. fusuma) wa nakánaka akimasen.

Dieser Schlüssel paßt nicht.
konó kagi wa aímasen.

Es ist keine Seife da.
sekkén ga arimasen.

Es ist ziemlich kalt hier.
kokó wa totémo samúi des^{u}.

Abreise

***Ich reise (Wir reisen)* morgen ab.**
asú tachimas^{u}.

Bis wann *müssen wir (muß ich)* das Zimmer räumen?
konó hoteru no chekkú-auto (no jikan) wa nán-ji des^{u} ká?

Kann ich bitte *meine (unsere)* Rechnung haben?
o-kánjō o-negai shimas^{u}.

Bestellen Sie bitte für morgen 8 Uhr ein Taxi.
asú no asa hachí-ji ni ták^{u}shī o ichī-dai o-négai shimas^{u}.

Wo ist mein Gepäck?
(watashi no) nimotsu wa doko des^{u} ká?

Können Sie das Gepäck zum *Wagen (Taxi)* bringen lassen?
nímotsu o *kuruma (ták^{u}shī)* made hakóbasete kuremasen ká?

Wann geht *der Autobus (der Zug, die Fähre)* nach ...?
...-iki no *bas^{u} (densha, ferī)* wa nan-ji ni demas^{u} ká?

Senden Sie bitte meine Post an diese Adresse nach.
watáshi-ate no yūbinbutsu wa kokó e okutte kudasai.

Wir haben uns hier sehr gut erholt.
totémo yukkuri dekimash^{i}ta.

Herzlichen Dank für alles!
dōmo iróiro arígatō gozaimash^{i}ta.

フロント　受付	furonto, uketsuke	**Rezeption**
ロビー	robī	**Hotelhalle**
非常口	hijō-guchi	**Notausgang**
食堂	shokudō	**Speisesaal**
浴室	yokushitsu	**Badezimmer**
化粧室	keshōshitsu	**Toilette**
紳士用	shinshi-yō	**Herren**
婦人用	fujin-yō	**Damen**
使用中	shiyōchū	**besetzt**
開	aki	**frei**

Abfallbehälter .... gomibako, kuzuire
Abreise .... shuppatsu
Ankunft .... tōchaku
Anmeldung .... chekku-in
Anzahlung .... uchikin, maekin
Aufenthaltsverlängerung .... taizai-enchō
Ausgang .... deguchi
ausziehen *(verlassen)* .... hikiharau
– *(Kleidung)* .... nugu
Bad .... furo
Badetuch .... taoru
Badezimmer .... furoba, yokushitsu
Badewanne .... yubune
Balkon .... beranda, barukonī
Beanstandung .... kujō
Bedienung .... sābisu
Beleuchtung .... shōmei, akari
Bett .... beddo
– japanisches Bett .... nedoko, toko, futon
Bettdecke .... kakebuton
Bettlaken .... shītsu, shikifu
Bettvorleger .... matto
Bettwäsche .... shingu

Couch	neisu, sofā-beddo
Decke *(Zimmer-)*	tenjō
Eimer	baketsu
Eingang	iriguchi
einziehen	hairu
Etage	kai
Fahrstuhl	erebētā
Fenster	mado
Fensterscheibe	mado-garasu
Fußboden	yuka
Garten	niwa
Gästebuch	yadochō
Gemeinschaftsbad	kyōdō-yokujō
Glühbirne	denkyū
Grillraum	guriru-shokudō
Hausordnung	hoteru/ryokan no shukuhaku- -kisoku
Heizung	danbō, hītā
Hotelgast	*shukuhaku- (tomari-)*kyaku
– für Hotelgäste	hōmonsha
Hotelhalle	robī
Kinderstuhl	kodomo-yō no isu
Kleiderbügel	hangā
Klimaanlage	reibō
Klingel	beru
Korridor	rōka
- *(außen)*	genkan
Kübel	baketsu
Küche	chōriba, daidokoro, kitchin
Kühlschrank	reizōko
Ladenpassage	ākēdo
Lampe	ranpu
Licht	akari
Lichtschalter	suitchi
Liege	nagaisu
Lift	erebētā
Lüftung	kankisen
Mahlzeit	shokuji, shokujidoki
Matratze	mattoresu, shikibuton
Matte	matto, goza
Miete, Mietpreis	karichin

mieten	kariru
Mini-Bar	mini-bā
Mittagessen	chūshoku, hirugohan
Nachttisch	naito-tēburu
Nachttischlampe	naito-ranpu
Nebenkosten	zappi, fuzui-hiyō
Ofen	sutōbu
Page	bōi
Pantoffeln	surippa
Parterre	ikkai
Pförtner, Portier	doa-man
Preisliste	ryōkinhyō
Rauchtischchen	tabakozukue
Reiseleiter	gaido
Reisstrohmatte	tatami
reservieren	yoyaku suru
Saison	shīzun, kisetsu
Sauna	sauna
Schiebetür	shōji, fusuma
Schlüssel	kagi, kī
Schrank	tansu, todana
Schublade	hikidashi
Service	sābisu
Sessel	anrakuisu
Snackbar	sunakku-bā
Sonnenschirm	higasa, parasoru
Souvenirladen	miyagemono-ya
Spiegel	kagami
Spielplatz	asobiba
Steckdose	konsento
Stecker	puragu
Stromspannung	den'atsu
Stuhl	isu
Swimmingpool	pūru
– beheizt	onsui-pūru
– mit Thermalwasser	onsen-pūru
Teppich	jūtan
Terrasse	terasu, beranda
Tisch	tsukue, tēburu
Tischdecke	tēburu-kurosu
Toilette	toire, tearai, benjo

– japanische Toilette	washiki-toire
Toilettenpapier	toiretto-pēpā
Treppe	kaidan
Trinkgeld	chippu
Tür	doa, tobira
Türklinke	doa no *handoru (totte)*
Türschloß	doa no jō
Übernachtung	shukuhaku
Übernachtungspreis	shukuhaku-ryōkin
umziehen	yoso e utsuru
– sich umziehen	kigaeru
Unterkunft	yado
Ventilator	kankisen
Verlängerungsschnur	enchō-kōdo
vermieten	kasu
Vorbestellung	yoyaku
Vorhang	kāten
Wand	kabe
Waschbecken	senmendai
Wäsche	sentakumono
– gebügelt	airon no kakatta
Wasser	mizu
– heißes	o-yu, yu
– kaltes	mizu
– mit fließendem Wasser	... suidō-tsuki
Wasserhahn	jaguchi
Wechselstrom	kōryū
Wolldecke	mōfu
Zahnputzglas	hamigaki-koppu
Zentralheizung	sentoraru-hītingu, shūchū-danbō
Zimmer	heya
Zimmermädchen	jochū-san, rūmu-meido
Zimmertelefon	heya no denwa
Zwischenstecker	adaputā

Jugendherberge, Volkshotel, Camping

Wo finde ich das Büro des Japanischen Jugendherbergsverbandes?
nihón-yūs^{u}hos^{u}teru-kyōkai no jimúsho wa dóko des^{u} ká?

Wo kann ich ein Verzeichnis der japanischen Jugendherbergen bekommen?
yūs^{u}hos^{u}teru no hándo-bukku wa dóko des^{u} ká?

Werden in dieser Herberge auch Nichtmitglieder aufgenommen?
kaiin de nai h^{i}to mo kokó no yūs^{u}hos^{u}teru ni tomáremas^{u} ká?

Ich möchte zwei Plätze in *der Jugendherberge (einem Volkshotel)* in ... im voraus buchen.
... no *yūs^{u}hos^{u}teru (kokúmin-sh^{u}kusha)* ni f^{u}tári-bun sh^{u}kuhaku no yoyaku o sh^{i}tai des^{u}.

***Haben Sie einen internationalen Jugendherbergsausweis?**
kok^{u}sái-yūs^{u}hos^{u}teru no káiin-shō o o-móchi des^{u} ká?

***Wir sind leider ausgebucht.**
zán'nen nagara mán'in des^{u}.

***Wie lange wollen Sie bleiben?**
nán-nichi gurai o-tómari des^{u} ká?

Ich habe bei Ihnen (telefonisch) einen Platz von ... bis ... gebucht.
o-táku ni (denwa de) ... kara ... made h^{i}tóri yoyáku shimash^{i}ta.

Wie hoch ist die Übernachtungsgebühr?
sh^{u}kúhaku-ryō wa íkura des^{u} ká?

Wo sind die Toiletten?
tóire wa dóko des^{u} ká?

Gibt es hier Stromanschluß?
kokó ni denki no kónsento wa arímas^{u} ká?

Wo kann ich ... ausleihen?
... wa dóko de kariraremas^{u} ká?

Abfall	gomi
aufräumen	katazukeru
Benutzungsgebühr	shiyōryō
bügeln	airon o kakeru
Camping	kyanpu
Campingausrüstung	kyanpu-yōhin, kyanpu no sōbi
Dosenöffner	kankiri
Duschraum	shawā-*rūmu (-shitsu)*
Eßgeschirr	shokki
Gasflasche	gasu-bonbe
Gaskocher	gasu-konro
Geschirrspülraum	araiba
Herbergsausweis	yūsuhosuteru no kaiinshō
Herbergseltern	pearento
Jugendherberge	yūsuhosuteru
kochen	ryōri o suru
Kochgeschirr	suiji-dōgu
Kochstelle	chōri-shitsu, daidokoro
Kühlbox	aisu-bokkusu
Leihgebühr	karichin, kashidashiryō
Mitgliedskarte	kaiinshō
Platzreservierung	(basho no) yoyaku
Platzwart	kanri'nin
Rucksack	ryukkusakku
Schlafplatz	nedoko
Schlafraum	kyōdō-shinshitsu
Schlafsack	surīpingu-baggu, nebukuro
Spirituskocher	arukōru-*kohheru (-konro)*
Studentenausweis	gakuseishō
Tagesraum	*danwa- (kyūkei-)*shitsu
Topf	o-nabe, o-kama
Trinkwasser	inryōsui, nomimizu
Verpflegung	makanai, shokuji
Vorbestellung	yoyaku
waschen	arau
– sich waschen	karada o arau
Waschraum	tearai, senmenjo
Zelt	tento
Zeltplatz	kyanpu-jō

ESSEN UND TRINKEN

レストラン	resutoran	**Restaurant mit westlicher Küche**
そば屋 うどん屋	sobaya, udon'ya	**japanischer Nudeltopfladen**
焼鳥屋	yakitoriya	**japanischer Hühnerspieß-laden**
料亭	ryōtei	**Restaurant in alt-japanischem Stil**
てんぷら屋	tenpuraya	**Tenpura-Bratküche**

Bestellung

Herr Ober!/Fräulein!
s^{u}mímasen!

Ist hier noch frei?
kokó wa mada áite imas^{u} ká?

Wir möchten einen Tisch für ... Personen.
...-nin-bun no tēburu o h^{i}totsu o-negai shimas^{u}.

Wir möchten nur etwas trinken.
nomímono dake o-negai shimas^{u}.

Ich möchte ...
... o o-negai shimas^{u}.

Bitte die *Speisekarte (dieses Menü).*
ményū (kono ryōri) o o-negai shimas^{u}.

Dasselbe bitte.
onáji mono o o-negai shimas^{u}.

Können Sie uns dasselbe bringen, was der Gast dort hat?
asoko no o-kyaku-san to onáji mono o o-negai shimas^{u}.

Das sieht sehr appetitlich aus.
koré wa totémo oishisō des^{u} né.

Wie heißt dieses Gericht?
konó ryōri wa nán to iimas^{u} ká?

Ich nehme das hier.
koré ni shimas^{u}.

***Als Vorspeise (Zum Nachtisch)* bitte ...**
zensai (dezāto) wa ... o o-negai shimas^{u}.

Haben Sie auch Diätkost?
dáietto no ryōri mo arimas^{u} ká?

Bringen Sie uns bitte eine Portion Tenpura und zehn Yakitori-Spieße.
ténpura o h^{i}totsu to yak^{i}tori o júppon o-negai shimas^{u}.

Bitte *eine Tasse (ein Glas, eine Flasche)* ...
... o *ippai (ippai, ippon)* o-negai shimas^{u}.

Tischgerät

Besteck	shokki
Bierglas *(groß)*	jokki
Eßstäbchen	o-hashi
– **Einmalstäbchen**	waribashi
– **Eßstäbchenbank**	hashioki
– **Eßstäbchenkasten**	hashibako
– **Vorlegestäbchen**	o-saibashi
Gabel	fōku
Kaffeekanne	kōhī-potto
Kaffeetasse	kōhī-kappu
Kochmesser	hōchō
Löffel	supūn, o-saji
Messer	naifu
Milchkännchen	miruku-potto
Papierserviette	kami-napukin
Pfefferstreuer	koshō-ire
Platte	o-sara
Reisschale	o-chawan
Sakekaraffe	tokkuri
Sakeschälchen	o-choko
Salzstreuer	shio-ire
Schale *(groß)*	o-sara, o-hachi, bōru, o-chawan
– ***(klein)***	kozara, kobachi
Schüssel *(groß)*	donburi, fukazara, bōru, o-hachi
– ***(klein)***	kozara, kobachi
Senfglas	karashi-ire
Suppenschälchen	o-wan *(jap.)*, sūpu-zara *(europ.)*
Tablett	o-bon
Teekanne	tī-potto
Teelöffel	tī-supūn
Teetasse	tī-kappu
Teller	o-sara
Trinkbecher	koppu
Trinkglas	koppu, gurasu
Untertasse	ukezara
Weinglas	wain-gurasu
Zahnstocher	tsumayōji, yōji
Zuckerdose	satō-ire

Frühstück

Brot	pan
Brötchen	puchi-pan
Butter	batā
Ei	tamago
– hartgekochtes Ei	katayude no tamago
– Spiegelei	medama-yaki
– weichgekochtes Ei	hanjuku no tamago
Frühstück	chōshoku, asagohan
Honig	hachimitsu
Hörnchen	kurowassan
Kaffee	kōhī
– mit Milch	miruku-kōhī, kafe-ore
– koffeinfrei	kafeinresu
Kakao	kokoa
Käse	chīzu
Marmelade	jamu, māmarēdo
Milch	gyūnyū, miruku
Rührei	iritamago
Sandwich	sandoitchi
Schwarzbrot	kuro-pan
Semmel	rōru-pan
Schinken	hamu
Tee	o-cha, kōcha
– schwarzer Tee	kōcha
– Tee mit Zitrone	remon-tī
– grüner Tee	ryokucha
– japanischer Tee	o-cha
– mit Milch	miruku-tī
Weißbrot	shiro-pan
Wasser	o-mizu
– heißes Wasser	o-yu
Wurst	sōsēji
Zucker	satō

Von den verschiedenen Brotsorten sind in Japan hauptsächlich Toast, Weißbrot (engl. Art) sowie Baguette (franz. Stangenweißbrot) bekannt. Schwarzbrot bekommt man nur in Spezialgeschäften in Großstädten.

Mittag- und Abendessen

„Guten Appetit!“ und **„Danke, gleichfalls!“**
Als Gastgeber sagt man vor dem Essen **meshiagare!**, als Gast – **itadakimasu!** Nach dem Essen sagen die Japaner zum Gastgeber **gochisō-sama!** Die Antwort darauf lautet **dō itashimashite!**

Was trinken Sie zum Essen?
nomímono wa nán(i) ni nasaimas^{u} ká?

Was empfehlen Sie?
náni ga ii des^{u} ká?

Das ist eine Spezialität des Hauses.
koré wa kokó no meibutsu des^{u}.

Ich probiere es.
soré ni shimas^{u}.

Würden Sie mir bitte ... reichen?
... o (tótte) kudasai.

Zum Wohl!
kanpai!

Möchten Sie noch etwas?
hoká no go-chūmon wá?

Probieren Sie ...
... ni nasáimasen ká?

Bitte nichts mehr.
mō kékkō des^{u}.

Nein, danke.
iie, kékkō des^{u}.

Nur ein wenig.
s^{u}koshi dake (o-negai shimas^{u}).

Hat es Ihnen geschmeckt?
o-kuch^{i} ni aimash^{i}ta ká?

Es war ausgezeichnet.
totémo oishikatta des^{u}.

Es schmeckt mir sehr gut.
totémo oishii des^{u}.

Ich möchte keinen Alkohol trinken.
o-sáke wa nomémasen.

Es ist eine sehr nette Atmosphäre hier.
(kokó wa) totémo kanji no ii tokoro des^{u} né.

Zubereitung

bitter	nigai
blanchiert	... no o-hitashi
fett	aburakkoi
garniert (mit)	moritsuke, ... de moritsuketa
gebraten	yaita, yaki-, -yaki
– am Spieß	kushiyaki
– durchgebraten	yoku yaita, uerudan
– halb durch (medium)	midiamu
gedünstet	mushita, mushi-, -mushi
gefüllt	tsumeta, -zume
gegrillt	guriru (ni shita), amiyaki (no)
gekocht	nita, ni-, -ni
– in Sojasoße gekocht	... no nitsuke
gepökelt/geräuchert	shiozuke/kunsei
geröstet	rōsuto, abutta, it(ame)ta
gesalzen	shioaji no
geschmort	mushiyaki no, toro-bi de yaita
getrocknet	kansō (shita)
gewürzt mit ...	... de aji o tsuketa, kōryō no kiita
– mit Essig gewürzt	no sunomono
halbroh/roh	*namayake (namanie)* no/nama n
heiß	atsui
Küche	ryōri
– chinesisch	chūka
– japanisch	wafū
– westlich	yōfū, seiyōfū
mager	shibō no *nai (sukunai)*
saftig	shiruke no ōi, mizumizushii
sauer	suppai, sanmi no aru
scharf	karashi no kiita, karai
Soße	sōsu
– Miso-Soße mit Essig	sumiso
– Sesamsoße	gomadare
– Senfsoße	karashi-sōsu
– Sojasoße	o-shōyu
– Tomatenketchup	(tomato-)ketchappu
süß	amai
süßsalzig/süßsauer	amakarai/amazuppai
weich	yawarakai

Zutaten

Chilisoße	chiri-sōsu
Chrysanthemenblätter	kiku no ha
Essig	su
– aus Zitrusfrüchten	remon-su
Fett	abura, shibō
Gelee	zerī
Gewürz	chōmiryō, kōryō
– chin. Suppengewürz	chūka-dashi
– Sakegewürz	mirin
– jap. Suppengewürz	dashi
Glasnudeln	harusame
Ingwer	shōga
Knoblauch	nin'niku
Kräuter	yakumi, kōryō
Lorbeerblätter	gekkeiju (no ha)
Mayonnaise	mayonēzu
Meerrettich	seiyō-wasabi
– jap. grüner Meerrettich	wasabi, sabi
Mehl *(Weizenmehl)*	meriken-ko, komugi-ko
– jap. Stärkemehl	katakuri-ko
Muskatnuß	natsumeggu
Öl	oiru, abura
Paprika *(mild/scharf)*	pīman/tōgarashi
Petersilie	paseri
Pfeffer	koshō
– jap. Bergpfeffer	sansho
Rosinen	hoshibudō
Salz	o-shio
Schmalz	rādo
Senf	karashi, masutādo
Sesam	goma
Sesamöl	goma-abura
Sojabohnenkeime	moyashi
Sojabohnenpaste	miso
Sojabohnenquark	tōfu
Speck	bēkon
Zimt	nikki, shinamon
Zitronensaft	remon-*sui (-jiru)*
Zwiebeln	tamanegi

SPEISEKARTE

Japanisches Essen als Ganzes wird **gohan** *(Mahl, Mahlzeit)* genannt und besteht wiederum aus **gohan** (hier: *Reis*), **o-tsuyu** *(Suppe)* und **o-kazu** *(die übrigen Bestandteile eines Gerichts)*. Beilagen **(o-kazu)** im europäischen Sinne (z. B. Nudeln, Reis, Kartoffeln usw.) gibt es nicht. Reis ist der wichtigste Bestandteil eines jeden Gerichts, Kartoffeln gelten als Gemüse und nicht als Beilage.

Appetitanreger

atsuyakitamago	**Fischomelett** ***(süß gewürzt)***
basashi	**rohes Pferdefleisch** ***(Sashimi-Art)***
daikon no nitsuke	**Chinarettich, in Sojasoße gekocht**
dengaku-tōfu	**Sojabohnenquark mit Miso-Soße, gegrillt**
ingen no nitsuke	**grüne Bohnen, in Sojasoße gekocht**
kabocha no nitsuke	**Kürbis, in Sojasoße gekocht**
kani no sunomono	**Krabbensalat** ***(mit Essig)***
karashirenkon	**Lotuswurzeln mit Senf**
kasuzuke	**Fisch** ***usw.*****, in Saketreber eingelegt**
kinpiragobō	**Schwarzwurzel mit Soja, gebraten**
kyūri no aemono	**Gurkensalat**
kyūri no tataki	***Art*** **Gurkensalat mit Sojasoße**
mezashi	**getrocknete Sardinen**
moyashi no aemono	**Sojabohnensalat**
obake	**Walfischfett**
rebā	**gegrillte Hühnerleber**
renkon no nitsuke	**Lotuswurzeln, in Sojasoße gekocht**
suzuko	**roter Kaviar**
tororojiru	**geriebene Tarokknollen**
udo no sunomono	**jap. Spargelsalat** ***(mit Essig)***
wakame no sunomono	**Riesenblättertang** ***(mit Essig)***
yakinasu	**gebackene Auberginen**

Suppen

chikin-konsome	**Hühnerbrühe**
kakitamajiru	**klare Suppe mit Ei**
konsome-sūpu	**klare Suppe** ***(westl. Art)***
niku no sūpu	**(Fleisch-)Brühe**
o-misoshiru	**Sojabohnenmussuppe** ***(mit Gemüse, Algen usw.)***
potāju	**sämige Suppe** ***(westl. Art)***
tamago no suimono	**Eiersuppe**
tomato-sūpu	**Tomatensuppe**
ushiojiru	**Meeressuppe**
yasai-sūpu	**Gemüsesuppe** ***(westl. Art)***
o-zōni	**festliche Neujahrssuppe** ***(mit Reiskuchen, Gemüse usw.)***

Fleisch

agemono	**Gesottenes**
baniku	**Pferdefleisch**
butaniku	**Schweinefleisch**
gyūniku	**Rindfleisch**
hanbāgu-sutēki	**Hamburger, Boulette**
hikiniku	**Gehacktes**
– buta-hiki	**Gehacktes vom Schwein**
– gyū-hiki	**Gehacktes vom Rind**
– tori-hiki	**Gehacktes vom Huhn**
hirekatsu	**Filetkotelett (in Stücken)**
katsuretsu	**Schnitzel**
kohitsuji, maton	**Hammelfleisch**
koushi no niku	**Kalbfleisch**
kushi	**Fleischspieß, Schaschlik**
rebā	**Leber**
rōsuto-bīfu	**Roastbeef**
shichū	**Stew, Schmorfleisch**
subuta	**Schweinsgulasch** ***(chin. Art, süß-sauer)***
sutēki	**Steak**
tonkatsu	**Schnitzel, Bauchspeck** ***(paniert, gebraten)***

uin'nā-sōsēji	**Wiener Würstchen**
yakiniku	**Braten**

Wild und Geflügel

chikin, niwatori	**Huhn**
– momo	**Keule**
inoshishi	**Wildschwein**
kamo	**Wildente**
kiji	**Fasan**
kujira	**Wal**
rōsuto-chikin	**Grillhähnchen**
shichimenchō	**Truthahn, Pute**
suppon (no niku)	**Schildkröte**
toriniku	**Hühnerfleisch**
yakitori	**Geflügelfleischstückchen am Spieß**

Fisch

aji	**Stachelmakrele, Blaufisch**
anago	**Meeraal**
ayu	***Art* Forelle**
buri	**Gelbschwanz**
fugu	**Kugelfisch**
funa	**Karausche**
furai	**gebratene Fische, Muscheln**
gyokai-rui	**Fische, Meeresfrüchte**
hirame	**Flunder**
ika	**Tintenfisch**
iwashi	***Art* Sardelle**
kabayaki	**Aal vom Rost *(süßsalzig)***
karei	**Scholle**
katsuo	**Bonito**
katsuobushi	**getrockneter Bonito**
kazunoko	**(Herings-)Rogen**
koi	**Karpfen**
maguro	**Thunfisch**
masu	**Forelle**
nijimasu	**Regenbogenforelle**

nishin	**Hering**
saba	**Makrele**
sakana	**Fisch(e)**
sake	**Lachs**
same	**Hai**
sanma	**Makrelenhecht**
sashimi	**Roher Fisch in Scheiben**
sayori	**Makrelenhecht**
shirasuboshi	**junge Sardinen, getrocknet**
shirauo	**Weißfisch**
sudako	**Krake in Essig**
surume	**Tintenfisch, getrocknet**
suzuki	**Flußbarsch**
tai	**Meerbrasse**
tako	**Krake**
tara	**Dorsch**
tarako	**Dorschrogen**
tobiuo	**fliegender Fisch**
unagi	**Aal**

Schalen- und Krustentiere

akagai	**Archemuschel**
aoyagai, bakagai	**Trogmuschel**
asari	**doppelschalige Muschel**
awabi	**Seeohr, Ohrmuschel**
ebi	**Garnele**
hamaguri	**Venusmuschel**
hotategai	**Kammuschel**
kai	**Muscheln**
kaki	**Auster**
kani	**Krabbe**
kurage	**Qualle**
sazae	**Kreiselschnecke**
shako	**Riesenvenusmuschel**
shijimi	**Corbicula-Muschel**
torigai	**Herzmuschel**
uni	**Seeigel**

Gemüse

asuparagasu	**Spargel**
daizu	**Sojabohnen**
edamame	**grüne Sojabohnen**
endō	**Erbsen**
fuki	**Pestwurz, Huflattich**
gobō	**Schwarzwurzel**
gurīnpīsu	**Erbsen**
hakusai	**Chinakohl**
hōrensō	**Spinat**
ingen	**Stangenbohnen**
jagaimo	**Kartoffeln**
kabocha	**Kürbis**
kabu	**Rübe**
kanpyō	**Kürbisstreifen *(getrocknet)***
kinoko	**Pilz**
kyabetsu	**Weißkohl**
kyūri	**Gurke**
mame	**Hülsenfrüchte**
masshurūmu	**Champignons**
nasu	**Aubergine**
nattō	**gegorene Sojabohnen**
negi	**Lauch, Porree**
ninjin	**Karotte**
nira	**Schnittlauch**
okura	**Okraschoten**
rakkyō	**Perlzwiebeln, Schalotten**
retasu	**Eisbergsalat**
saradana	**Kopfsalat**
satoimo	**Taro-Kartoffel, Zehrwurzel**
satsumaimo	**Süßkartoffel**
saya-endō	**Erbsen**
saya-ingen	**Stangenbohnen**
serorī	**Sellerie**
soramame	**Saubohnen**
takenoko	**Bambussprossen**
tōgan	**Wintermelone**
udo	**japanischer Spargel**
warabi	**Farnkraut**
yamaimo	**Jamswurzel**
zenmai	**Traubenfarn**

Meeresgemüse

konbu	**Seetang, Riementang**
nori	***Art* Seekraut *(papierartig)***
wakame	**Riesenblättertang**

Eingelegtes

asazuke	**leicht gesalzen/eingelegt**
hakusai no shiozuke	**eingesalzener Chinakohl**
hakusai no o-tsukemono	**eingelegter Chinakohl**
ichiyazuke	**kurz eingelegtes Gemüse**
kabu no shiozuke/ o-tsukemono	**eingesalzene/ eingelegte Rübe**
kimuchi	**eingelegter Chinakohl *(koreanische Art; scharf)***
kyūri no o-tsukemono	**eingelegte Gurke**
narazuke	**in Saketreber eingelegtes Gemüse in Nara-Art**
nasu no o-tsukemono	**eingelegte Aubergine**
nukazuke	**in Reiskleie Eingelegtes**
shiozuke	**Eingesalzenes**
takuan	**eingelegter Rettich**
o-tsukemono	**Eingelegtes *(allgemein)***
umeboshi	**gesalzene Pflaume**

Reisgerichte

o-chazuke	**Reis im grünen Tee**
donburimono	**Reisschale *(Reisgericht in einer Schale)***
– katsudon	**Reisschale mit tonkatsu**
– oyakodon(buri)	**Reisschale mit Hühnerfleisch und Ei**
– tendon	**Reisschale mit tenpura**
– unadon	**Reisschale mit Röstaal**
gohan, raisu	**Reis**
karē-raisu, raisu-karē	**Curryreis**
o-kayu	**Reissuppe *(salzig)***
sekihan	**gedämpfter Klebreis mit roten Bohnen**
sushi	**gesäuerter Reis mit meeresfrischen Muscheln und Fischfilets**
yakimeshi, chāhan	**gebratener Reis *(chines. Art)***

Fondueartige Gerichte (am Tisch zubereitet)

jingisukan	**gegrilltes Hammelfleisch *(mongolische Art)***
mizutaki	**jap. Fondue mit Fisch, Geflügel und Gemüse**
nabemono	**Eintopfgericht *(allgemein)***
o-den	**urtümliches Garküchengericht mit Chinarettich, Sojabohnenquark, Fischmehlgallerte, Aronstabknollen u. a.**
o-konomiyaki	**jap. Pizza mit Fleisch und Gemüse**
shabushabu	**Feuertopf**
sukiyaki	**dünn geschnittenes Rindfleischfilet mit diversem Gemüse und pikanter Sojasoße**
yosenabe	**Eintopfgericht, jap. Fondue**

Nudelgerichte

guratan	**italienischer Auflauf, Gratin**
hiyamugi	**kaltes Weizennudelgericht**
kakesoba, kakeudon	**einfacher Soba-/Udon-Topf**
makaroni guratan	**Makkaroni-Auflauf**
nabeyakiudon	**Nudeltopf *(mit Ei, Gemüse, Pilzen usw.)***
rāmen	**Nudeltopf *(chines. Art)***
reimen	**kaltes Nudelgericht**
soba	**Buchweizennudeln**
sōmen	**Fadennudeln**
supagettī	**Spaghetti**
udon	**Weizennudeln**
yakisoba	**Bahmi goreng, gebratenes Nudelgericht**
zarusoba	**locker-frische Soba auf einem geflochtenen Bambusteller oder auf Bambusunterlage**

Andere Gerichte

chawanmushi	**gedämpfter Eierstich mit Sojasoße, jap. Kiefernpilzen, Kraut u. a.**
gyōza	**chines. Teigtaschen mit Füllung (jiăo-z)**
korokke	**Kroketten**
shūmai	**gedämpfte offene Fleischtaschen**
takoyaki	**Krakenfleisch, pikant zubereitet**
tenpura	**in feinem Eierteig ausgebackene Gemüse und Meeresfrüchte**

Obst

anzu	**Aprikose**
banana	**Banane**
biwa	**Mispelfrucht**
budō	**Weintraube**
daidai	**Pomeranze**
gurēpu-furūtsu	**Grapefruit, Pampelmuse**
ichigo	**Erdbeeren**
ichijiku	**Feige**
kaki	**Kaki-Frucht, Persimone**
kinkan	**Zwergorange, Kumquats**
mikan	**Mandarine; Zitrusfrüchte *(allgemein)***
momo	**Pfirsich**
nashi	**jap. Birne *(apfelartig)***
natsumikan	**jap. Pampelmusenmandarine**
nēburu	**Navelorange**
painappuru	**Ananas**
papaiya	**Papaya**
puramu	**Pflaume**
remon	**Zitrone**
ringo	**Apfel**
sakuranbō	**Kirsche**
suika	**Wassermelone**
ume	**jap. wilde Aprikose, Pflaume**
yōnashi	**europäische Birne**
yuzu	**jap. Zitrone**
zabon	**jap. Pampelmuse**
zakuro	**Granatapfel**

Die japanischen Kirschbäume (sakura) *tragen keine Früchte.*
Manche Japaner essen Wassermelonen mit Salz.

Nüsse und Kerne

āmondo	**Mandel**
gin'nan	**Ginkofrucht**
kashū-nattsu	**Cashew-Nüsse**
kuri	**Edelkastanien**
kurumi	**Walnüsse**
pīnattsu, rakkasei	**Erdnüsse**
suika no tane	**Wassermelonenkerne**

CAFÉ, KONDITOREI, GETRÄNKE

Lokale in Japan

bā, sakaba	**Bar**
biya-gāden	**Biergarten *(Dachgarten, nur im Sommer)***
biya-hōru	**Bierhalle**
furūtsu-pārā	**Frucht(saft)stand**
jūsu-sutando	**Fruchtsaftstand**
o-kashiya	**Süßwarengeschäft, Konditorei**
kēkiya	**Konditorei**
kissaten	**Café**
– jazu-kissa	**Café mit Jazzmusik**
– ongaku-kissa	**Café mit Schallplatten- oder Live-Musik**
– rokku-kissa	**Café mit Rock-Musik**
– saten	**Café *(Studentenjargon)***
– utagoe-kissa	**Café, in dem die Gäste mitsingen können**
– wafū-kissa	**Café alten Stils mit traditioneller jap. Musik; Kellnerinnen manchmal mit Kimonos bekleidet**
yōgashiten	**Konditorei *(europ. Art)***

In allen Restaurants, Cafés, Bars (außer in Selbstbedienungslokalen) bekommt man ein Glas Wasser oder eine Tasse jap. Tee, manchmal auch ein heißes Handtuch (o-shibori) umsonst.

Süßspeisen und Süßigkeiten

aisu-kurīmu	**Eis**
– banira-aisu	**Vanilleeis**
– chokorēto-aisu	**Schokoladeneis**
– ichigo-aisu	**Erdbeereis**
amanattō	**weichgekochte gezuckerte Bohnen**
ame	**(Reis-)Bonbon**
anko	**süßes Bohnenmus**
anmitsu	**Gelee mit süßen Bohnen und Sirup**
an-pan	**mit süßen Bohnen gefülltes Milchbrot**
babarowa	**Schaumkrem**

budō-pan	**Rosinenbrot**
o-chagashi	**kleine Süßigkeiten zum Tee**
chokorēto	**Schokolade**
chūka-manjū	**mit süßen Bohnen oder Fleisch (nicht süß!) gefüllter und gedämpfter Brotteig** ***(chines. Art)***
dōnattsu	**Krapfen, Ölgebäck**
ekurea	**Eclair**
furūtsu-pafe	**Eisbecher mit Früchten**
furūtsu-ponchi	**alkoholfreier Fruchtpunsch**
furūtsu-sarada	**Obstsalat**
o-kashi	**Kuchen, Süßigkeiten, Plätzchen** ***(allgemein)***
kashi-pan	**Kuchenbrot**
kasutādo-pudingu ...	**Vanillepudding**
kasutera	**Castilla, Sandkuchen**
kēki	**Kuchen, Torte** ***(allgemein)***
– appuru-pai	**Apfelkuchen**
– chīzu-kēki	**Käsekuchen**
– kappu-kēki	**Napfkuchen**
– rōru-kēki	**Biskuitrolle**
– shōto-kēki	**Cremeschnitte**
kōri	**schneeartiges Eis mit Sirup**
o-manjū	**mit süßem Bohnenmus gefüllter und gedämpfter Brotteig in Halbkugelform**
mitsumame	**gekühlte Süßspeise aus Zuckerböhnchen, Agar-Agar-Würfelchen, Fruchtstücken und Sirup**
monaka	**mit Anko gefüllte muschelförmige Oblaten**
okoshi	**jap. Puffreiskekse**
pafe	**Eisbecher**
pudingu, purin	**Pudding**
purarīne	**Pralinen**
o-shiruko	**süße Puddingsuppe auf Bohnengrundlage mit mochi** ***(Reiskuchen)***
shūkurīmu	**Windbeutel**
wagashi	**jap. Süßigkeiten, Kuchen** ***(allgemein)***
yatsuhashi	**knusprig-delikates Zimtgebäck aus Kyoto**
yōgashi	**europ. Gebäck** ***(allgemein)***
yōkan	**geleefrüchteartige Süßigkeiten aus Bohnen**
zenzai	**ländliches o-shiruko von marzipanähnlicher Konsistenz, mit ganzen Bohnen**

Kekse und Chips

arare	**japanischer Puffreis**
bisuketto	**Plätzchen, Keks**
o-kaki	**japanische Reiskekse**
kukkī	**Plätzchen, Gebäck**
poteto-chippusu	**Kartoffelchips**
o-senbei	**Reiskräcker**

Alkoholische Getränke

Die meisten alkoholischen Getränke können unter englischer Bezeichnung bestellt werden.

bīru	**Bier**
– nama-bīru	**Faßbier**
budōshu, wain	**Wein**
– aka-budōshu	**Rotwein**
shiro-budōshu	**Weißwein**
burandī	**Brandy**
jin	**Gin**
jizake	**Wein** *od.* **Sake aus der betreffenden Gegend**
kakuteru	**Cocktail**
ramu	**Rum**
sake	**Sake, jap. Reiswein**
– o-toso	**süßer Sake** ***(nur für Neujahr)***
shōchū	**jap. Schnaps**
uisukī	**Whisky**
umeshu	**jap. Pflaumenlikör**

Alkoholfreie Getränke

Viele aus Europa bekannte Erfrischungsgetränke werden auch in Japan angeboten. Sie können unter ihrem Markennamen bestellt werden.

o-cha	**jap. grüner** *od.* **brauner Tee**
jūsu	**Saft**

– banana-jūsu	**Bananensaft**
– gurēpu-jūsu	**Traubensaft**
– orenji-jūsu	**Orangensaft**
– tomato-jūsu	**Tomatensaft**
kōcha	**schwarzer Tee**
– miruku-tī	**schwarzer Tee mit Milch**
– remon-tī	**schwarzer Tee mit Zitrone**
kōhī	**Kaffee**
– aisu-kōhī	**Eiskaffee**
– amerikan-kōhī	**dünner Kaffee**
– burakku	**Kaffee schwarz** ***(ohne Zucker)***
– kafe-ore, miruku-kōhī	**Kaffee mit Milch**
– kurīmu-kōhī	**Kaffee mit Sahne**
– rei-kōhī	**gekühlter Kaffee** ***(ohne Eiscreme)***
kokoa	**Kakao**
mineraru-wōtā, tansan-sui	**Mineralwasser** ***(mit Kohlensäure)***
miruku, gyūnyū	**Milch**
miruku-sēki	**Milch-Shake**
o-mizu	**Wasser**
remonēdo	**Zitronensaft** ***(ohne Kohlensäure)***
sōda, sōda-sui	**Sodawasser**
sukasshu	**Mixgetränke mit ...**
– orenji-sukasshu	**Orangenmix** ***(Orangensaft oder Orangenkonzentrat mit Sodawasser)***
– remon-sukasshu	**Zitronenmix** ***(Zitronensaft oder Zitronenkonzentrat mit Sodawasser)***

Es gibt einige Restaurants, wo man nur für eine Tasse Kaffee bezahlt, aber eine zweite, dritte Tasse umsonst bekommen kann. Man sollte sich dies aber vorher bestätigen lassen.
o-mizu *(Trinkwasser ohne Kohlensäure) bekommt man kostenlos, während man für Mineralwasser bezahlen muß.*

Bestellung

Ich möchte … (bestellen).
… o o-négai shimas^{u}.

Ich möchte eine Tasse Kaffee.
kōhī o íppai o-négai shimas^{u}.

Ich hätte gerne ein Stück Kuchen.
kēki o h^{i}tots^{u} o-negai shimas^{u}.

Ich möchte zwei Eiskaffee, bitte.
ais^{u}-kōhī o *f^{u}tatsu (ni-hai)* o-negai shimas^{u}.

Beanstandungen, Bezahlen

Hier fehlt noch eine Portion Curry-Reis.
karē-rais^{u} ga h^{i}tóts^{u} tarímasen.

Das habe ich nicht bestellt.
koré wa chūmon shimasen desh^{i}ta.

Ich möchte zahlen. / Bitte die Rechnung.
o-kánjō o o-negai shimas^{u}.

Ich zahle alles zusammen.
zénbu matómete haraimas^{u}.

Wir zahlen getrennt.
h^{i}tóri-h^{i}tori haráimas^{u}.

Ist da nicht ein Fehler in der Rechnung?
kanjō ni machígai wa arímasen ká?

Bitte rechnen Sie noch einmal nach.
mō ichido keisan shi-naosh^{i}te kudasai.

Meistens bekommt der Kunde die Rechnung auf den Tisch. Nach dem Verzehr geht man zur Kasse und bezahlt. Trinkgeld ist nicht üblich.

IN DER STADT

Auf der Straße

Wo finde ich ...?
... wa doko des^u ká?

eine Bank	ginkō
das Touristen-Informationszentrum	tsūris^{u}to-infomēshon-sentā
ein Geschäft für den zollfreien Einkauf	menzeiten
eine Polizeidienststelle	kōban
das *Postamt (Hauptpostamt)* ...	*yūbinkyoku (honkyoku)*

Ich suche ...	... o sagash^{i}te imas^u.

die Bushaltestelle	bas^u no teiryūjo
ein Einkaufszentrum	shoppingu-sentā
das Nationalmuseum	kokurits^u-hakubutsukan
die ...-Ausstellung	... no tenrankai
das ...-Ministerium	...-shō
das Kulturzentrum	bunka-sentā
den ...-Schrein	...-jinja

Wie komme ich ...?	... wa doko des^u ká?

zum Bahnhof	eki
zum Hafen	minato
zum Kaiserpalast	kōkyo

Wie weit ist es bis zum nächsten U-Bahnhof?
tsugi no ch^{i}katetsu no eki made wa dono gurai (tōi) des^u ká?

Ist es weit?
tōi des^u ká?

In welcher Richtung liegt der ...-Tempel?
...-dera/-ji wa dóchira no hō des^u ká?

Ist das die ...-Straße?
koré wa ...-dōri des^u ká?

Bus, Taxi, U-Bahn

Ist das der *Bus (Zug)* nach Ueno?
koré wa uéno-iki no *bas^{u} (densha)* des^{u} ká?

Fährt dieser Bus über ...?
konó bas^{u} wa ... o tōrimas^{u} ká?

Welcher Bus fährt von hier *zum Shiten'noji-Tempel (zur Osaka-Burg)*?
dóno bas^{u} ga koko kara *sh^{i}ten'nō-ji (ōsaka-jō)* e ikimas^{u} ká?

Welche U-Bahnlinie muß ich nehmen, um zum Ginza-Viertel zu kommen?
gínza e iku ni wa dóno ch^{i}katetsu ni noreba ii des^{u} ká?

Wo muß ich *aussteigen (umsteigen)*?
dóko de *oríreba (noríkaereba)* ii des^{u} ká?

Helfen Sie mir bitte, diesen Fahrkartenautomaten zu bedienen. Ich will einen Fahrschein bis Shinanomachi.
k^{i}ppú no jidō-hanbaiki de k^{i}ppú o kau no o tetsúdatte kudasai. Shinánomachi made no k^{i}ppu o kaitai des^{u}.

停留場	teiryūjo	**(Bus-)Haltestelle**
地下鉄	chikatetsu	**U-Bahn**
タクシー	takushī	**Taxi**

Fahren Sie mich bitte *zu dieser Adresse (zum Heian-Schrein)*.
konó jūsho (héian-jingū) made itte kudasai.

Fahren Sie uns *zum Hafen (ins Zentrum, zum Bahnhof)*.
mináto (chūshingai, éki) made itte kudasai.

Warten Sie hier noch einen Augenblick.
kokó de mō s^{u}koshi mátte ite kudasai.

Können Sie uns einige Sehenswürdigkeiten zeigen?
méisho o s^{u}koshi án'nai sh^{i}te kudasai.

Fahren Sie bitte etwas langsamer.
s^{u}kóshi yukkúri hashitte kudasai.

Wieviel macht es?
o-íkura des^{u} ká?

Ausflüge und Besichtigungen

Wir möchten einen Ausflug in den ...-Nationalpark machen.
...-kokurits^u-kōen-meguri o sh^{i}tai des^u.

Ich möchte *morgen (übermorgen, am Sonnabend)* eine Stadtrundfahrt machen.
ash^{i}ta (asátte, doyōbi ni) shinái-meguri o sh^{i}tai des^u.

Für morgen bitte zwei Plätze nach ...
ash^{i}ta no ...-iki o ni-mai o-negai shimas^u.

Wann geht es los?
nán-ji ni shuppats^u shimas^u ká?

Ich möchte *einen Perlenzuchtbetrieb (eine Töpferei)* besichtigen.
shínju no yōshokujō (yakímono no shigotoba) o kengaku sh^{i}tai des^u.

Welche historischen Sehenswürdigkeiten gibt es hier?
kokó ni wa dónna rek^{i}shi no meisho ga arimas^u ká?

Was ist im Preis inbegriffen?
ryōkin ni wa náni ga f^{u}kumarete imas^u ká?

Wann kommen wir zurück?
kaéri wa nán-ji des^u ká?

***Wann (Wo)* treffen wir uns?**
nán-ji ni (doko de) shūgō shimas^u ká?

***Sie werden vom Hotel abgeholt.**
hóteru ni o-múkae ni agarimas^u.

Haben wir Zeit *zur freien Verfügung (für einen Einkaufsbummel)*?
jiyū-jikan (kaimono ni iku jikan) wa arimas^u ká?

Kommen wir auch nach ...?
... e mo ikímas^u ká?

Besichtigen wir auch ...?
... mo kengaku dekimas^u ká?

Wann ist ... geöffnet?
... wa nán-ji ni akimas^u ká?

Muß man Eintrittsgeld bezahlen?
nyūjō-ryō o harawanakereba narimasen ká?

Haben wir auch einen Führer, der Deutsch spricht?
dóits^u-go no wakaru gáido mo ts^{u}kimas^u ká?

Ich würde mir gern *einen japanischen Garten (Gion-Fest)* ansehen.
nihón-teien (gión-matsuri) ga zéhi mitai des^{u}.

Kann man heute an einem Aufstieg auf den Berg Fuji teilnehmen?
kyō fují-tozan ni sanka dekimas^{u} ká?

Kann man heute ... besichtigen?
kyō ... ga kengaku dekimas^{u} ká?

den Botanischen Garten	shokubutsu-en
eine buddhistische Pagode	tō
die ...-Burg	...-jō
das Fest des ...-Schreins	...-jinja no o-matsuri
den Flohmarkt	nomi no ichi
eine Ikebana-Schule	ikebana-gakkō
das Meiji-Museumsdorf	meiji-mura
ein Samurai-Haus	buke-yashiki
das Vergnügungsviertel	hankagai, kanrakugai

Können Sie für uns einen Familienbesuch arrangieren?
katéi-hōmon no téhai o sh^{i}te kuremasen ká?

Wo kann ich einer Teezeremonie beiwohnen?
dóko de o-cháseki ni deru koto ga dekimas^{u} ká?

Was für ein *Gebäude (Denkmal)* ist das?
koré wa nan to iu *tatémono (kinénhi)* des^{u} ká?

Aus welchem Jahrhundert stammt *dieser Bau (diese Statue)*?
konó *tatemono (zō)* wa nán-seiki no mono des^{u} ká?

Wann wurde dies gebaut?
koré wa its^{u} tatéraremash^{i}ta ká?

Wer hat es erbaut?
dáre ga tatémash^{i}ta ká?

Ist das der/die/das berühmte ...?
koré wa yūmei na ... des^{u} ká?

Allee	namikimichi
Altstadt	kyūshigai
Aquarium	suizokkan
Aussicht	miharashi, nagame
Aussichtsplattform	tenbōdai
Ausstellung	tenrankai, tenjikai
Baudenkmal	kenchiku-kinenhi
Bauernhaus	nōka
Berg, Gebirge	yama (-yama), sangakuchihō
Besichtigung	kengaku, kenbutsu
Bibliothek	toshokan
Botschaft	taishikan
Brücke	hashi
Brunnen	ido
– Springbrunnen	funsui
Burg	shiro
Bürgersteig	hodō
Dorf	mura
Drahtseilbahn	rōpu-uē
Durchgang	tsūro
Einkaufsviertel	shoppingu-sentā
Endhaltestelle	shūten (no eki)
Fabrik	kōjō
Felsen	iwa
Feudalzeit	hōkenjidai
Feuerwehr	shōbōsho
Fischmarkt	uoichiba, uogashi
Fluß	kawa
Freilichtmuseum	yagai-hakubutsukan
Fremdenführer	gaido, ryokō-an'nai
Fremdenverkehrszentrale	kankō-sentā
Führung	an'nai
Fundbüro	ishitsubutsu-toriatsukaijo
Fußgänger	hokōsha
Fußgängerüberweg	hodōkyō
Fußgängerzone	hodō
Galerie	garō, gyararī
Garten	niwa
Gasse	roji
– Sackgasse	fukuro-kōji
Gebäude, Haus	tatemono

Gegend	chihō, chiku
Geschäft, Laden	mise
Graben	hori
Grünanlage	kōen
Hain	chinju no mori
Haltestelle	teiryūjō
Hauptstadt	shuto
Hauptstraße	chūō-dōri, mein-sutorīto
Hausnummer	banchi
Höhle	horaana, dōkutsu
Hügel	oka
Industriegebiet	kōgyō-chitai
Innenstadt	chūshin-gai
Kaserne	nagaya
Korallenriff	sangoshō
Kormoranfischerei	ukai
Kraftwerk	hatsudensho
Krater	kakō, kurētā
Kratersee	kakōko
Kunstgalerie	garō
Landschaft	keshiki
Laterne	chōchin *(jap.)*, rantan
Markt	ichiba, māketto
Mauer	kabe
– **Burgmauer**	jōheki
Messegelände	mihon'ichi-kaisaijō, messe
Mietfahrrad	kashi-jitensha
Mühle	suishagoya
Museum	hakubutsukan
Nationalpark	kokuritsu-kōen
Naturschutzgebiet	shizen-hogo-chiku
Nebenstraße	wakimichi
Öffnungszeiten *(Läden)*	kaiten-jikan
– ***(Ausstellung usw.)***	kaijō-jikan
Palast	gosho, kōkyo *(jap.)*, kyūden
Park	kōen
Parlament	kokkai
Pavillon	tō, pabirion
Platz, Stadtplatz	hiroba
Polizei	keisatsu
Präfektur	ken

Quelle	izumi
Rathaus	shiyakusho, kuyakusho, kenchō
Reisebüro	ryokō-dairiten
Reisfeld	ta
Rennbahn	sākitto, kyōsōjō
Rettungsstation	kyūgosho
Ruine	haikyo
Rundfahrt	shūyū, ...-meguri
Schloß	shiro
Schlucht	kyōkoku
Spaziergang	sanpo
Spazierweg	sanpodō, sanpomichi
Stadt	machi
Stadttor	jōmon
Stadtzentrum	machi no chūshin
Steingarten	sekitei
Sternwarte	tenmondai
Tor	mon
Tropfsteinhöhle	shōnyūdō
Ufer	kishi
Umgebung	shūhen
Vorort	kōgai
Vulkan	kazan
– **Lava**	yōgan
– **Rauch**	fun'en
Wald	mori
Wanderpfad	sanpomichi
Wasserfall	taki
Weltausstellung	bankoku-hakurankai
Wildreservat	shizen-hogochiku
Zoo	dōbutsuen

Taxistände (takushī noriba) *findet man vor den Hotels, an Bahnhöfen und evtl. an anderen Plätzen mit großen Menschenansammlungen. Üblicherweise stellt man sich an den Straßenrand und hält ein Taxi an. Aber Vorsicht: In Japan herrscht Linksverkehr und die Türen des Wagens können nur durch den Fahrer geöffnet und geschlossen werden!*

Im japanischen Haus

Alkove	tokonoma
Bettzeugschrank	oshiire
Blumenarrangement	ikebana
Diele, Vorraum	genkan
Flur	rōka
Gastzimmer	kyakuma
Hausaltar *(buddh.)*	butsudan
Hausschrein *(shintoist.)*	kamidana
Kohlenpfanne	kotatsu
Kommode	tansu
Mitbringsel, Geschenk	o-miyage, okurimono
Papierschiebetür	fusuma, shōji
Papierwand	fusuma
Petroleumofen	sekiyu-sutōbu
Rollbild	kakejiku, makie, kakemono
Schuhschränkchen	getabako
Sitzkissen	zabuton
Strohmatte	tatami
Teeraum	o-chashitsu
Tischchen	kozukue
Wandschränkchen	kabedana
Zimmer im japan. Stil	washitsu
– Wohnzimmer	ima

Schuhe werden im Vorraum gegen angebotene Haussandalen ausgetauscht und in einem Schränkchen mit den Spitzen zum Ausgang abgestellt. Beim Wechseln des Schuhwerks wendet man dem Gastgeber nie den Rücken zu. Es ist üblich, der Gastgeberin/dem Gastgeber nach der Begrüßung ein kleines Geschenk zu überreichen. Das Geschenk sollte nie aus vier Teilen bestehen. Vor Betreten einer Toilette muß man in die ebenfalls bereitstehenden besonderen Pantoffeln schlüpfen. Man darf nicht vergessen, diese Toilettenpantoffeln wieder abzustreifen, bevor man in den Wohnraum zurückkehrt. Zu Verabredungen sollte man unbedingt pünktlich erscheinen.

S. auch „Besuch", Seite 15

Kirchen, Schreine, Tempel

Wo finde ich eine *katholische (evangelische)* Kirche?
*kasórikk^u (purótes^u*tanto) no kyōkai wa dóko des^u ká?

Ich würde gern *eine Kirche (einen buddhistischen Tempel)* besuchen.
kyōkai ([bukkyō no] o-tera) e ikitai des^u.

Wann finden in dieser Kirche Gottesdienste statt?
konó kyōkai no reihai wa nan-ji des^u ká?

Ist das der *...-Schrein (...-Tempel)*?
koré wa *...-jinja (...-ji)* des^u ká?

Darf man den Schrein betreten?
jínja ni háitte mo íi des^u ká?

Darf man hier fotografieren?
kokó de shashín o totte mo íi des^u ká?

Zu welcher Sekte gehört dieser *Schrein (Tempel)*?
konó *jinja (o-tera)* wa dóno shūha ni zokush^{i}te imas^u ká?

Ich bin ...
watáshi wa ... des^u.

Atheist	mushinron-ja
Buddhist	bukkyōto
Christ	kiris^{u}to-kyōto
Jude	yudaya-kyōto
Katholik	kasorikku-kyōto
konfessionslos	mu-shūkyō
Moslem	is^{u}ramu-kyōto, kaikyōto
Protestant	purotes^{u}tanto

Abendmahl	bansan
Ahnenverehrung	sosen-sūhai

Altar	saidan
Andacht	kitō
Beerdigung	sōgi, sōshiki
Bibel	seisho
Buddhastandbild	hotoke no ritsuzō
Buddhismus	bukkyō
Chor	gasshō, kōrasu
Christentum	kirisuto-kyō
christlich	kirisuto-kyō (no)
Christus	kirisuto
Dom	daiseidō, dōmu
Fassade	fassādo
Feiertag	saijitsu
Friedhof	bochi, hakaba
Geist	seirei
Gemeinde	kyōku *(europ.)*, danka *(buddh.)*
Glaubensbekenntnis	kokuhaku, shinjō
Glocke, Gong	kane
Gott, Gottheit	kami
Gottesdienst	reihai
Göttin	megami
Grab	haka
Grabplatte	boseki
Heiligtum	seidō, hondō
Hochzeitszeremonie	kekkonshiki
Kapelle	chaperu
Kathedrale	kasedoraru, daikaidō
Kloster	shūdōin
Konfession	shūha
Kreuz	jūjika, jūji
Kruzifix *(Statue)*	kirisuto-jūjika-zō
Kult	reihai
Landschaftsgarten	teien, o-niwa
Meditation	meisō
Messe	misa
mohammedanisch	isuramu-kyō (no)
Mönch *(buddh.)*	sōryo, o-bō-san
Mosaik	mozaiku
Moschee	mosuku, kaikyō-jiin
Nonne *(buddh.)*	nisō, ama-san
Opfer	ikenie

Opferhalle	hōru, reihaidō
Opferstock	kenkinbako
Orakel	o-tsuge, shintaku
Orgel	orugan
Pagode	tō
Pastor, Pfarrer	bokushi
Pfeiler	hashira
Pilger	junrei, o-henro
Priester	shisai
– Shinto-Priester	kan'nushi, shinkan
Prozession	gyōretsu
Religion	shūkyō
Rosenkranz *(christl.)*	rozario
– *(allgemein)*	juzu
Säule	enchū, hashira
Schrein	jinja
Schreinbesuch am Neujahrstag	hatsumōde
Schreinfest	o-matsuri
Schreintor, Balkentor	torii
Shintoismus	shintō
Statue	ritsuzō, chōzō
Synagoge	yudaya-kyōkai
Tempel *(buddh.)*	o-tera
– Haupthalle	hondō
Tempelbesuch	o-mairi
Tempelfest	o-matsuri
Tempelschatz	hōmotsu
Turm	tō
– Glockenturm	kanetsukidō
Vorhalle	genkan
Wandgemälde	hekiga
Weihrauchstäbchen	o-senkō
Yoga	yoga

EINKÄUFE

Geschäfte

Gibt es hier in der Nähe *ein (eine, einen)* ...?
konó ch[i]kaku ni ... wa arimas[u] ká?

Bäckerei	pan-ya
Blumengeschäft	hana-ya
Buchhandlung	hon-ya
Kaufhaus	depāto, hyakkaten
Konditorei	o-kashiya
Lebensmittelgeschäft	shokuryōhinten
Schuhmacher	kutsu-ya
Supermarkt	sūpā, sūpā-māketto
Tabakladen	tabako-ya

Wo findet man *ein (eine, einen)* ...?
... wa dóko des[u] ká?

Antiquariat	furuhon-ya
Antiquitätengeschäft	furudōgu-ya *(billige Sachen)*
– *(teure Sachen)*	kottō-ya
Elektrogeschäft	denki-ya
Fischhandlung	sakana-ya
Fotogeschäft	shashin-ya
Kunsthandlung	kōgeihinten
Münzwäscherei	koin-randorī
Musikalienhandlung	gakkiten
Optiker	megane-ya, gankyōten
Radio-Hi-Fi-Geschäft	ōdio-senmonten
Reinigung	dorai-kurīningu
Spezialgeschäft für	... no senmonten
– Cloisonnéwaren	shippō-yaki
– Damaszenerwaren	hōtōten
– Holzdrucke	mokuhanga
– Kimonos	kimono
– Lackwaren	nurimono
– Puppen	ningyō
– Seidenwaren	kinuseihin
Uhrengeschäft	tokei-ya
Wäscherei	sentakuya

Kaufhaus und Supermarkt

Können Sie mir bitte sagen, wo sich die ...-Abteilung befindet?
...-uriba wa dóko des^{u} ká?

Wo verkauft man hier ...?
... wa dóko de utte imas^{u} ká?

***Die ...-Abteilung ist im vierten Stock.**
...-uriba wa go-kái des^{u}.

百貨店　デパート	hyakkaten/depāto	**Kaufhaus**
スーパーマーケット	sūpā-māketto	**Supermarkt**
レジ　お勘定	reji/o-kanjō	**Kasse**
自動車用品	jidōsha-yōhin	**Autozubehör**
眼鏡	megane	**Brillen**
婦人服	fujinfuku	**Damenbekleidung**
電気製品	denki-seihin	**Elektroartikel**
テレビ/TV	terebi/TV	**Fernsehen**
魚	sakana	**Fisch**
肉	niku	**Fleisch**
カメラ用品	kamera-yōhin	**Fotoartikel**
生鮮食料品	seisen-shokuryōhin	**frische Lebensmittel**
鳥肉	toriniku	**Geflügel**
野菜	yasai	**Gemüse**
煙草類	tabakorui	**Genußmittel**
家庭用品	katei-yōhin	**Haushaltsartikel**
紳士服	shinshifuku	**Herrenbekleidung**
帽子	bōshi	**Hüte**
イージーオーダー	ījīōdā	**Konfektion**
化粧品	keshōhin	**Kosmetik**
小間物	komamono	**Kurzwaren**
食料品	shokuryōhin	**Lebensmittel**
皮製品	kawaseihin	**Lederwaren**

着物 kimono	乳製品 nyūseihin	家具 kagu	楽器 gakki
Kimonos	**Milch und Milchprodukte**	**Möbel**	**Musikinstrumente**

果物 kudamono	香水 kōsui	陶磁器　瀬戸物 tōjiki, setomono
Obst	**Parfümerie**	**Porzellan und Töpferwaren**

ラジオ rajio	宝石　貴金属 hōseki/kikinzoku	文房具 bunbōgu
Radio	**Schmuck**	**Schreibwaren**

靴　履物 kutsu/hakimono	土産物 miyagemono	玩具　おもちゃ gangu/omocha
Schuhe	**Souvenirs**	**Spielwaren**

酒類 sakerui	スポーツ用品 supōtsu-yōhin	生地　布地　反物 kiji/nunoji/tanmono
Spirituosen	**Sportartikel**	**Stoffe**

菓子 kashi	下着 shitagi	ビデオ bideo	ハム　ソーセージ hamu/sōsēji
Süßwaren	**Unterwäsche**	**Video**	**Wurstwaren**

Haben Sie ...?
... wa arimas^{u} ká?

Zeigen Sie mir bitte ...
... o misete kudasai.

Ich möchte das hier kaufen.
koré ga hoshii des^{u}.

Geben Sie mir bitte ...*)
... o kudasai.

*) *S. auch „Maße und Gewichte" S. 190 und „Zählwörter" S. 26*

eine Dose	... o h^{i}to-kan
100 Gramm	... o hyaku-guramu
einen Karton	... o h^{i}to-hako
ein halbes Kilo	... o gohyaku-guramu
10 Blatt	... o jū-mai

Bitte ...
... o kudasai.

ein Paar	... o h^{i}to-kumi
– *(Schuhe, Socken usw.)*	... o issoku
eine Rolle	... o h^{i}to-maki
ein Stück	... o hitotsu
eine Tube	... o ippon
eine Tüte	... o h^{i}to-fukuro

Das ist alles.
koré dake des^{u}.

Genug.
jūbun des^{u}.

Noch etwas mehr.
mō s^{u}koshi.

Zeigen Sie mir so ein Modell wie in Ihrem Schaufenster.
shō-uindō ni aru yō na moderu o mísete kudasai.

Haben Sie etwas *Besseres (Billiges, anderes)*?
mō s^{u}koshi ii (mō s^{u}koshi yasúi, hoká) no wa arimasen ká?

Können Sie es an diese Adresse schicken?
konó jūsho e okútte kudasai?

Ich möchte das hier umtauschen.
koré o toríkaete kudasai.

Geben Sie mir bitte ein Formular für den zollfreien Einkauf.
ménzei-todoke no yōshi o ich^{i}-mai kudasai.

Wieviel kostet es?
o-íkura des^{u} ká?

Akzeptieren Sie auch Kreditkarten?
k^{u}réjitto-kādo de mo íi des^{u} ká?

Danke, ich werde es mir noch überlegen.
dōmo, mō s^{u}koshi kángaete mimas^{u}.

Ich nehme es/sie.
koré ni shimas^{u}.

Das gefällt mir.
koré ga ii des^{u}.

Die *Form (Farbe)* gefällt mir nicht.
konó *katach^{i} (iro)* ga ki ni irimasen.

Das ist zu …
koré wa …-sugi mas[u].

– **breit**	futo
– **dunkel**	kura
– **groß**	ōki
– **hell**	akaru
– **klein**	chiisa
– **schmal**	sema, kitsu
– **teuer**	taka
– **viel**	ō
– **weit**	hiro, futo
– **wenig**	sukuna

Gibt es dazu eine Gebrauchsanweisung auch in *englischer (deutscher)* Sprache?
eigo (doits[u]-go) no setsumei-sho mo arimas[u] ká?

Bekomme ich einen Garantieschein?
hoshō-sho wa arimas[u] ká?

Blumen

Azaleen	tsutsuji, azaria
Blume	hana
Blumenstecken, Ikebana	ikebana
Blumenstrauß	hanataba
Bonsai, Zwergbaum	bonsai
Chrysanthemen	kiku
Dahlien	daria
Gladiolen	gurajiorasu
Kirschblüten	sakura no hana
Nelken	kānēshon, nadeshiko
Rosen	bara
Tulpen	chūrippu
Veilchen	sumire

ブティック	butikku	**Boutique**
キオスク　売店	kiosuku, baiten	**Kiosk**
本日休業	honjitsu-kyūgyō	**Heute Ruhetag**
閉店	heiten	**Geschlossen**

Buchhandlung

Band	kan, -kan
Broschüre	panfuretto
Buch	hon
Buchhandlung	hon-ya, shoten
Gedichtband	shishū
Illustrierte	gurabia-shi, gurafu-zasshi
Katalog	katarogu
Kinderbuch	kodomo no hon
Landkarte, Stadtplan	chizu
Lehrbuch	kyōkasho, tekisuto
Reiseführer	gaido-bukku, ryokō-an'naisho
Roman	shōsetsu
Sprachführer	ryokō-yō-gogaku-gaido-bukku
Straßenkarte	dōro-chizu
Taschenbuch	poketto-bukku
Übersetzung	hon'yaku
Wanderkarte	chizu
Wörterbuch	jisho, jiten

Haben Sie *Bücher (Zeitschriften)* in deutscher/englischer Sprache?
doits^{u}-go/eigo no *hon (zasshi)* wa arimas^{u} ká?

Fotogeschäft

Ich möchte *einen Fotoapparat (eine Filmkamera)* kaufen.
kámera [od. shashínki] (hachí-miri-kamera [od. mūbī-kamera]) wa arimas^{u} ká?

Was kostet *diese Spiegelreflexkamera (dieses Blitzgerät)*?
kono *ichígan-ref^{u} (f^{u}rássh^{u} [od. s^{u}torobo])* wa o-íkura des^{u} ká?

Bitte einen *Kassettenfilm (Pocketfilm, Disc-Film)*.
kātorijji-firumu (pokétto-firumu, dís^{u}ku-firumu) o o-negai shimas^{u}.

Bitte einen Super-8-Film (mit Tonspur).
(saúndo-torakku-ts^{u}ki no) 8-miri-firumu o o-negai shimas^{u}.

Bitte einen *Schwarzweiß-Kleinbildfilm (Farbnegativfilm)*.
shiró-kuro no kogata-firumu (kárā-nega) o h^{i}tótsu o-negai shimas^{u}.

Bitte einen *36er (24er)* Dia-Film.
sanjū-roku (niyū-yon)-mai-dori no s^{u}ráido-firumu o h^{i}totsu o-negai shimas^{u}.

Würden Sie mir *den Film (eine neue Batterie)* einlegen?
firumu (atárashii denchi) o irete kuremasen ká?

Der *Filmtransport (Belichtungsmesser)* funktioniert nicht.
firúmu-okuri (roshúts^{u}kei) ga ugókimasen.

Entwickeln Sie mir bitte diesen Film.
konó firumu o génzō sh^{i}te kudasai.

Von jedem Negativ bitte *eine Vergrößerung (einen Abzug)*.
konó firumu o zénbu ichí-mai-zuts^{u} *h^{i}kínobash^{i}te (yakímashi sh^{i}te)* kudasai.

9 × 13	**9 × 9**	**glänzend**	**matt**
kyū-kakeru-jūsan	kyū-kakeru-kyū	kōtaku	kinume

Wann sind die Bilder fertig?
shashín wa its^{u} dekiagarimas^{u} ká?

Aufnahme, Bild	shashin
Auslöser(knopf)	rerīzu
– **Selbstauslöser**	serufu-taimā
Autofocus	ōto-fōkasu
– **Autofocus-Kamera**	jasupin-*kamera (-roshutsu)*
Automatik	ōtomachikku
– **Blendenautomatik**	jidō-shibori
– **Superautomatikkamera**	bakachon-kamera
– **Zeitautomatik**	jidō-taimā
Belichtungszeit	roshutsu-jikan

Blende	shibori
Blitzwürfel	furasshu-barubu
Dia(positiv)	suraido, ribāsaru
Diaprojektor	suraido-eishaki
Filmempfindlichkeit	āsā, firumu-kando
filmen	mūbī-shashin o toru, firumu ni toru
Filmentwicklung	genzō
Filmprojektor	eishaki
Filter	firutā
Fotolabor	rabo
Kamera	kamera, shashinki
– mit eingebautem Motor	mōtādoraibu
Knopfbatterie	chō-kogata-*batterī (-denchi)*
Objektiv	kōkan-renzu
– mit Bajonettanschluß	bayonetto-setsuzoku
Sofortbildkamera	poraroido-kamera
Sofortbild-Farbfilm	karā-poraroido-firumu
Sonnenblende	renzu-fūdo
Stativ	sankyaku
Sucher	sāchā
Tageslichtfilm	dei-raito-firumu
Teleobjektiv	bōen-renzu
Tonfilmkamera	saundo-kamera
unscharf, verwackelt	pin-boke
Unterwasserkamera	suichū-kamera
Verschluß	shattā
Weitwinkelobjektiv	waido-renzu
Winder	waindā
Zoom-Objektiv	zūmu-renzu

Juwelier

Anhänger	pendanto
Armband	udewa
Bernstein	kohaku
Brillant	buririyanto
Brosche	burōchi
echt	honmono
Gold/golden	kin/kin no
Halbedelstein	jun-hōseki
Halskette	kubikazari
Imitation	imitēshon
Juwelier(geschäft)	hōsekiten, kikinzokuten
Kette	kusari
Korallen	sango
Manschettenknöpfe	kafusu-botan
Modeschmuck	fasshon-akusesarī
Ohrklips, Ohrringe	mimikazari, iyaringu
Perlen (echte)	(hon-) shinju
Platin	purachina
Ring	yubiwa
Schmuck	sōshingu, hōsekirui, akusesarī
Silber/silbern	gin/gin no
vergoldet	kin-mekki no
versilbert	gin-mekki no
Zuchtperlen	yōshoku-shinju

Kleidung, Wäsche

Kann ich es anprobieren?
sh^{i}cháku sh^{i}te mo ii des^{u} ká?

Bitte eine Nummer *größer (kleiner)*.
mō h^{i}totsu *ōkii (chíisai)* no o o-negai shimas^{u}.

Paßt leider nicht.
aímasen.

Wie steht es mir?
niaimas^{u} ká?

Können Sie es ändern?
hoséi dekimas^{u} ká?

Das ist zu *knapp (kurz, lang, bunt)*.
*kitsú-(mijíka-, nagá-, hadé-)*sugi mas^{u}.

Anorak	anorakku
Anzug	sebiro, sūtsu
Badeanzug	mizugi, kaisuigi
Badehose	kaisui-pantsu
Bademantel	yokuyō-manto
– ***(für den Strand)***	bīchi-kōto
Badekappe	kaisuibō
– Duschhaube	yokuyō-kyappu
Bikini	bikini
Bluse	burausu
Damenbekleidung	fujinfuku
Halstuch	sukāfu
Handschuhe	tebukuro
Hemd	shatsu
– Oberhemd	waishatsu
– Sporthemd	supōtsu-shatsu
– T-Shirt	tī-shatsu
– bügelfrei	nō-airon
– mit kurzen Ärmeln	hansode-shatsu
– mit langen Ärmeln	nagasode-shatsu
Herrenbekleidung	shinshifuku
Hose	zubon
– Jeans	jīnzu, jīpan
– kurze Hose, Shorts	hanzubon
Hut, Mütze	bōshi
Jacke	uwagi, janpā
Jackenkleid	ansanburu
Jackett	jaketto
Jogginganzug	jogingu-sūtsu
Kinderbekleidung	kodomofuku
Kleid *(für Frauen)*	wanpīsu
Kniestrümpfe *(für Frauen)*	hai-sokkusu
Kopftuch	nekkachīfu, sukāfu
Krawatte	nekutai
Lederjacke	kawa-janpā
Ledermantel	rezā-kōto, kawa no kōto
Mantel	kōto, manto
Morgenrock	heyagi, (naito-)gaun
Pelzmantel	kegawa no kōto
Pulli, Pullover	sētā, puru-ōbā
Regenmantel	rein-kōto

Rock	sukāto
Schal	mafurā
Schlafanzug, Nachthemd	nemaki
Schürze	maekake, epuron
Skibekleidung	sukī-ueā
Skihose	sukī-zubon
Socken	sokkusu, kutsushita
Sommerkleider	natsufuku
Stola	shōru, sutōru
Strickkleidung	nitto, nitto-ueā
– Strickjacke	kādigan
Strümpfe	sutokkingu
Strumpfhose	pantī-sutokkingu, pansuto
Taschentuch	hankachi
Unterwäsche	shitagi
– Büstenhalter	burajā
– Korsett, Mieder	korusetto, bodī-sūtsu
– Schlüpfer, Slips	pantī, pantsu
– Unterhemd	(andā-)shatsu
– Unterhose	pantsu
– Unterrock	surippu, shimīzu
Weste	chokki, besuto
Winterkleider	fuyufuku

Stoffe, Qualität, Muster

Baumwolle	momen, kotton
Flanell	furan'neru
Gestricktes	nitto, amimono
Kunststoff	kagaku-sen'i, gōsen, kasen
– Nylon	nairon
– Polyester	poriesuteru
– Rayon	rēyon
Leder	kawa
Leinen	asa
Pelz	kegawa
Samt	birōdo
Seide (*100%*)	kinu, honken

Wolle (*100%*)	ke, junmō, ūru
– ... prozentig, gemischt	...-pāsento-ūru, konbō
bunt	iromono
einfarbig	tanshoku, isshoku
geblümt	hanagara, hanamoyō
gemustert	garamono, moyōiri
gestreift	shimamoyō
kariert	kōshimoyō, chekku
pflegeleicht	te no kakaranai

Japanische Kleidung

geta	**Stöckelsandale**
hakama	**Pluderhose**
haori	**Überwurf**
hadagi, juban	**leichtes Trikot**
kimono	**Kleidung, Kimonos**
obi	**Gürtel**
tabi	**Socken**
tanzen	**wattierter Kimono**
yukata	**leichter (Sommer-/Bade-) Kimono**
zōri	**Strohsandalen**

Kurzwaren, Zubehör

Band	himo, ribon
Druckknopf	sunappu
Faden, Garn, Nähgarn	ito
– Nähseide	kinuito
– Stopfgarn	kagariito
– Zwirn	yoriito
Fingerhut	yubinuki
Futter	uraji
Gummiband	gomuhimo
Gürtel	beruto

Haken und Ösen	kagi-hokku
Hosenträger	zubon-tsuri
Knopf	botan
Nadel/Stecknadel	hari/machibari
– Nähnadel	nuibari
Reißverschluß	fasunā, jippā
Schere	hasami
Schnalle	bakkuru
Sicherheitsnadel	anzen-pin
Stickerei	nuitori, shishū
Zentimetermaß	makijaku, mejā

Reinigung, Reparaturen

Ich möchte *dieses Kleidungsstück (diesen Anzug)* reinigen lassen.
konó *f[u]ku (sebiro)* o kurīningu ni dash[i]tai des[u].

Ich möchte diese *Wäsche (Sachen)* waschen lassen.
konó sentakumono (koré) o sentaku ni dash[i]tai des[u].

Würden Sie *dies aufbügeln (diesen Fleck entfernen)*?
koré ni aíron o kakete (konó shimi o nuite) kuremasen ká?

Können Sie *dies stopfen (diesen Knopf annähen)*?
koré o ts[u]kúrotte (konó botan o ts[u]kéte) kuremasen ká?

Können Sie das etwas *kürzer (länger)* machen?
koré o s[u]koshi *mijíkaku (nagaku)* sh[i]te kuremasen ká?

ドライクリーニング	dorai-kurīningu	**Reinigung**
洗濯屋	sentakuya	**Wäscherei**

Mit der japanischen Familienwaschmaschine kann man nur kalt waschen. Kochwäsche ist unbekannt.

Optiker

Können Sie diese Brille reparieren?
konó megane o naósh'te kuremasen ká?

Ich bin *kurzsichtig (weitsichtig)*.
watáshi wa *kingan (enshi)* des^u.

Ich brauche eine *neue Brille (Sonnenbrille)*.
atárashii mégane (sán-guras^u) ga hoshii des^u.

Brillenetui	megane-kēsu, meganeire
Brilleneinfassung	megane no furēmu
Bügel	e
Dioptrie	dosū
Fernglas, Opernglas	sōgankyō, opera-gurasu
(getöntes) Glas	(chakushoku-)renzu
Kontaktlinsen	kontakuto-renzu
Lupe	mushimegane, rūpe

Radio, Fernsehen, Video

Compact-Disc	dī-ei-dī *(DAD)*, konpakuto--disuku
Fernbedienung	rimōto-kontorōru
Fernsehen	terebi
HiFi-Anlage	haifai
Kassettenrecorder	kasetto-rekōdā
Kopfhörer	heddo-fōn
Lautsprecherbox	supīkā
Plattenspieler	(rekōdo-)pureiyā
Radio	rajio
– Autoradio	kā-rajio
– Digitaluhrenradio	dejitaru-kurokku-rajio
– Transistorradio	toranjisutā-rajio
Radiorecorder	rajio-kasetto
Radiowecker	arāmu-tsuki-rajio

Schallplatte	rekōdo
– LP	eru-pī *(LP)*
Stereoanlage	sutereo
Tonkassette	kasetto-tēpu
– bespielt	rokuon-zumi
Videokamera	bideo-kamera
Videokassette	bideo-kasetto, bideo-tēpu
Videorecorder	bideo-rekōdā
Videospiel	bideo-gēmu

Können Sie mir dieses Gerät nicht etwas billiger überlassen?
konó k^{i}kai o s^{u}kóshi makéte kuremasen ká?

***Ich kann Ihnen einen Rabatt von höchstens ... Yen gewähren.**
...-en made sh^{i}ka o-máke dekimasen.

Schreibwaren

Bleistift	enpitsu
Briefpapier	binsen
Farbband	taipu(-raitā) no ribon
Filzschreiber (fein)	feruto-pen (hosogaki)
Füllfederhalter	man'nenhitsu
Klebstoff	nori
Kugelschreiber	bōru-pen
– Mine	shin
Malfarben	enogu
Notizblock	zakkichō
Papier	kami
– Faltpapier *(bunt)*	origami
– Japanpapier	hanshi
– Packpapier	hōsōshi
– Reispapier	raisu-pēpā
Pinsel	fude
Radiergummi	keshigomu
Tinte/Tusche	inku/sumi
Zeichenblock	gayōshi

Schuhe

Ich habe Größe ...
watáshi no saizu wa ... des[u].

Bitte ein Paar ...
... o issok[u] o-negai shimas[u].

Damenschuhe	fujingutsu
Halbschuhe	tangutsu
Hausschuhe	surippa, shitsunaibaki
Kinderschuhe	kodomogutsu
Sandalen	sandaru
Stiefel *(Winter-)*	būtsu
– *(Regen-)*	nagagutsu
– Skistiefel	sukī-gutsu
Strandschuhe	bīchi-sandaru
Turnschuhe	undōgutsu

Eine Nummer *größer (kleiner)* bitte.
h[i]tó-saizu *ōkii (chíisai)* no o o-negai shimas[u].

Der Absatz ist zu *hoch (niedrig)*.
hīru ga *taká (h[i]kú)* sugi mas[u].

Bitte *reparieren (besohlen, neue Absätze machen)*.
naóshite (sokó o ts[u]kete, atárashii kakáto o ts[u]kete) kudasai.

Absatz	kakato, hīru
– flach	hikui
– hoch	takai
Einlegesohle	kutsu no shikigawa
Leder	kawa
– Rindleder	gyūkawa
– Wildleder	suēdo, bakku-sukin
Ledersohle	kawazoko
Schnürsenkel	kutsuhimo
Schuhanzieher	kutsubera
Schuhkrem	kutsuzumi
Sohle	kutsuzoko

In Japan werden die Schuhe nach der tatsächlichen Fußgröße in Zentimetern verkauft. S. auch „Japanische Kleidung" Seite 133.

Tabakladen

Ein Päckchen Zigaretten, bitte.
tabáko o h^{i}to-hako o-negai shimas^{u}.

Bitte eine *Gaspatrone (Schachtel Streichhölzer)*.
kōkan no gas^{u} o (mátch^{i} o h^{i}to-hako) o-negai shimas^{u}.

Feuerstein	raitā no ishi
Feuerzeug	raitā
– Gasfeuerzeug	gasu-raitā
– Einwegfeuerzeug	tsukaisute no raitā, hyaku-en-raitā
Pfeife	paipu
Pfeifenreiniger	paipu-sōji-dōgu
Tabak	tabako
– Pfeifentabak	paipu-tabako
– leicht/stark	yowai/tsuyoi
Zigarette	makitabako, shigaretto
– Filterzigarette	firutā-tsuki
– Mentholzigarette	mentōru
– nikotinarm	nikochin no sukunai
– ohne Filter	firutā-nashi
Zigarre	hamaki, shigā
Zigarrenetui	tabakoire

Toiletten- und Pflegeartikel

Augenbrauenstift	mayuzumi
Babyflasche	miruku-bin
– Gummisauger	gomu no chikubi
Babyöl	bebī-oiru
Creme	kurīmu
– Hautcreme	sukin-kurīmu
– Nachtcreme	naito-kurīmu
– Rasiercreme	shēbingu-kurīmu
– Sonnencreme	san-kurīmu
Damenbinden	seiritai
Gummihandschuhe	gomu-tebukuro
Haarbürste	(heyā-)burasshi
Haarfärbemittel	kezome, heyadai
Haarspray	heyā-supurei
Haarklemmen, Haarnadel	heyā-pin

Haarwasser	heyā-tonikku, heyā-rōshon
Kamm	kushi
Kleiderbürste	yōfuku-burashi
Kölnisch Wasser	ōdekoron
Kondome	kondōmu
Körperlotion	bodī-rōshon
Lidschatten	aishadō
Lidstrich	airainā
Lippenstift	kuchibeni
Lockenwickler	kārā
Nagellack	manikyua
Nagellackentferner	jokōeki
Nagelschere	tsumekiri-hasami
Papiertaschentücher	tishu-pēpā, chirigami
Parfüm	kōsui
Pinzette	pinsetto
Puder	o-shiroi
Puderdose	konpakuto
Rasierapparat	anzen-kamisori
Rasierklinge	kamisori no ha
Rasierpinsel	shēbingu-burasshi, higesori-burashi
Rasierseife	higesori-sekken
Rasierwasser	shēbingu-rōshon
– nach der Rasur	afutā-shēbu-rōshon
– vor der Rasur	puri-shēbu-rōshon
Rouge	hoobeni, rūju
Schere	hasami
Schwamm	kaimen
Schwammkürbis	hechima
Seife	sekken
Shampoo	shanpū
Sonnenöl	san-oiru
Tampons	tanpon
Toilettenartikel	keshōhin
Toilettenpapier	toiretto-pēpā
Trockenrasierer	denki-kamisori
Waschlappen	tenugui
Wimperntusche	masukara
Windeln	o-mutsu
Zahnbürste	ha-burashi
Zahnpasta	hamigakiko

Uhrmacher

Können Sie *diese Uhr reparieren (eine neue Batterie einsetzen)*?
konó tokei *o naósh^ite (ni atárashii denchi o iréte)* kuremasen ká?

Ich brauche ein neues Armband/Riemchen.
atárashii tokéibando ga hoshii des^u.

Ich möchte eine neue *Damen- (Herren-)*Armbanduhr kaufen.
atárashii *fujínmono (shínshimono)* no udedokei ga kaítai des^u.

Quarzuhr	kuōtsu
– mit Datumanzeige	hizuke-tsuki
– mit Digitalanzeige	dejitaru
– mit Rechner	keisanki-tsuki
– mit Weckervorrichtung	arāmu-tsuki
– wasserdicht	bōsui
– mit Stoppuhr	sutoppu-uotchi-tsuki
Taschenuhr	kaichū-dokei
Uhrband	tokei-bando
Uhrglas	tokei-garasu
Wanduhr	kakedokei
Wecker	mezamashidokei
Zifferblatt	mojiban

Souvenirs

Wo kann man hier *Bambuswaren (Lackwaren)* kaufen?
takézaiku (nurí-seihin) wa dóko de utte imas^u ká?

Ich möchte diese *Figur (Schnitzerei, Puppe)* kaufen.
konó *zō (mok^uchō, ningyō)* ga hoshii des^u.

Danke, ich möchte mir die Sachen vorerst nur ansehen.
dōmo, míru daké ni sh^ite okimas^u.

Abakus	soroban
Bambusarbeit	takezaiku
Bild	e
Einwickelstoff	tsutsumigami
Elfenbeinschnitzerei	zōge no *horimono (chōkoku)*
Fächer	sensu, ōgi
– starrer Fächer	uchiwa
Figur	zō

Go-Spiel	go
Holzschnitzerei	mokuchō
Holzstockdruck	mokuhanga
Imitation	imitēshon
Keramik, Töpferware	yakimono, tōki
Korallenschnitzerei	sangozaiku
Lackware	*(urushi-)nuri*-seihin, nurimono
– Schale	nuri no wan
– Schmuckkästchen	nurimono no hōsekibako
– Tablett	nuri no bon
– Tischchen	nuri no kozukue
No-Maske	nōmen
Papierlampion	chōchin
Porzellan	jiki
Poster	posutā
Puppe (Trachten-)	(mingei no) ningyō
– Stehaufmännchen	okiagari-koboshi
Reproduktion	fukusei
Schildpatt	bekkō
(jap.) Spielkarten	karuta, hanafuda
Vase	kabin
Wandschirm	byōbu
Windglocke	fūrin

Verschiedenes

Brieftasche	kamiire
Büchsenöffner	kankiri
Flaschenöffner	sen'nuki
Fleckenwasser	shiminuki-eki
Kerze	rōsoku
Klebeband, Klebefolie	serotēpu
Korb	kago, basuketto
Korkenzieher	sennuki, koruku-nuki
Plastikbeutel	binīru-bukuro
Spielzeug	omocha
Taschenlampe	kaichūdentō
Taschenmesser	poketto-naifu
Thermometer	ondokei
– Fieberthermometer	taionkei
Thermosflasche	mahōbin
Waschpulver	sentakusékken

POST, TELEGRAMME, TELEFON

Postamt

Wo finde ich das nächste *Postamt (Telegrafenamt)*?
konó ch^{i}kaku no *yūbinkyoku (denpōkyoku)* wa dóko des^{u} ká?

Bis wann ist die Post geöffnet?
yūbinkyoku wa nán-ji made aite imas^{u} ká?

Wo ist die Ausgabe postlagernder Sendungen?
kyoku-dome yūbinbutsu no madóguchi wa dóko des^{u} ká?

An welchem Schalter kann ich ein *Telegramm (Paket)* aufgeben?
dénpō (kozúts^{u}mi) no madoguchi wa dóre des^{u} ká?

> *Postamt, Telegrafenamt, Inlandsfernmeldeamt und Internationales Telefonamt sind voneinander unabhängige Institutionen. Telegramme kann man auch beim Postamt aufgeben.*

郵便局 /yūbinkyoku	切手/kitte	書留 /kakitome
Postamt	**Briefmarken**	**Einschreiben**
速達/sokutatsu	(郵便)為替/(yūbin)kawase	入金 /nyūkin
Eilsendungen	**Geldüberweisungen**	**Einzahlungen**
支払い/shiharai	郵便貯金/yūbin-chokin	小包/kozutsumi
Auszahlungen	**Postsparkasse**	**Pakete**
小形包装物 /kogata-hōsōbutsu	外国郵便 /gaikoku-yūbin	
Päckchen	**Auslandssendungen**	

Was kostet ... *nach Europa (innerhalb Japans)*?
konó ... wa *yōroppa made (nihón-kokunai de wa)* o-íkura des^{u} ká?

diese (Ansichts-)Karte	(e)hagaki
dieser Brief	tegami
dieser Eilbrief	sok^{u}tatsu
dieser Einschreibbrief	kak^{i}tome
dieser Luftpostbrief	kōkūbin
dieses Päckchen	kogata-hōsōbutsu

Bitte Briefmarken für *170 (110)* Yen.
kitté o *hyaku-nanajū (hyaku-jū)* en o-negai shimas^{u}.

Haben Sie auch Sondermarken?
kinén-k^{i}tte mo arimas^{u} ká?

***Je zwei Stück (Diesen Briefmarkensatz)* bitte.**
nimái-zutsu (konó shīto) o o-negai shimas^{u}.

Wieviel Tage braucht ein *Brief (Paket, Päckchen)* nach Europa?
yōroppa made *tegámi (kozúts^{u}mi, kogáta-hōsōbutsu)* wa nán-nichi kakarimas^{u} ká?

Haben Sie Post auf diesen Namen?
konó meigi de yūbinbutsu ga k^{i}te imas^{u} ká?

Brauche ich dafür eine Zollinhaltserklärung?
kánzei no naiyō-shinkoku ga irimas^{u} ká?

Bitte diesen Brief *per Einschreiben (als Eilbrief)*.
konó tegami o *kak^{i}tome (sok^{u}tatsu)* de o-negai shimas^{u}.

Bitte diesen Brief per Einschreiben und als Eilbrief.
konó tegami o kak^{i}tome-sok^{u}tatsu de o-negai shimas^{u}.

電報 /denpō	現金書留 /genkin-kakitome
Telegramme	**Bargeldversand**

Bitte einen Umschlag für Bargeldversand.
génkin-kak^{i}tome no fūtō o ichí-mai o-negai shimas^{u}.

Ich möchte diese Pakete per *Seepost (Luftpost)* aufgeben.
konó kozuts^{u}mi o *f^{u}nabin (kōkūbin)* de okuritai des^{u}.

Ich möchte dieses *Paket (Päckchen)* versichern.
konó *kozuts^{u}mi (kogata-hōsōbutsu)* o kak^{i}tome de okuritai des^{u}.

***Bis zu einem Kilogramm beträgt die Gebühr 2300 Yen.**
ichí-kiro made ni-sen-san-byaku-en des^{u}.

Bitte senden Sie meine Post an diese Adresse nach.
watáshi no yūbinbutsu o konó jūsho e ténsō sh^{i}te kudasai.

Telegramme

Bitte ein Telegrammformular.
dénpō no mōshikomi-yōshi o ichí-mai o-negai shimas^{u}.

Ich möchte ein ... aufgeben.
... o dash^{i}tai des^{u}.

gewöhnliches Telegramm	futsū-denpō
Blitztelegramm	una-den, shikyū-denpō
Schmuckblatt-Telegramm	shukuden
– *(Beileidstelegramm)*	chōden

Wieviel beträgt die Gebühr pro *Zeichen* [*Inland*] *(Wort* [*Ausland*]*)*?
ichí-ji (ichí-go) ni ts^{u}ki o-íkura des^{u} ká?

nach Westdeutschland	nishi-doitsu made
in die Schweiz	suisu made
nach Österreich	ōsutoria made
in die USA	amerika made
innerhalb Japans	nihon-kokunai

Telefon

Öffentliche Telefone (kōshū-denwa) *gibt es überall in Japan, von den meisten können Inlandsgespräche im Selbstwählverkehr geführt werden.*

Wenn man kein Kleingeld (Wechselgeld) hat, findet man oft im Bahnhof einen Geldwechselautomaten.

Es gibt meist keine Anzeige für die unverbrauchten Münzen am Telefonapparat. Wenn man ein Gespräch weiterführen will, wirft man immer dann, wenn man einen Signalton hört, eine Münze ein. Überschüssige 10 Yen Stücke werden wieder zurückgegeben, wenn man den Hörer aufhängt.

Was kostet ein Ferngespräch *in die Schweiz (nach Österreich)*?
súis^{u} (ōs^{u}toria) made no kok^{u}sai-denwa wa o-íkura des^{u} ká?

Ich möchte ein Übersee-Gespräch nach Westdeutschland anmelden*).
nishí-doits^{u} made no kok^{u}sai-denwa o mōshikomitai des^{u}.

Verbinden Sie mich bitte mit dieser Nummer in Nagasaki.
Nagásaki o o-negai shimas^{u}.

Wie lange dauert es?
dóno gurai kakárimas^{u} ká?

***Ihr Gespräch ist in Kabine 4.**
yon-ban no bokk^{u}s^{u} des^{u}.

Was bekommen Sie?
o-íkura des^{u} ká?

Bitte streichen Sie das Gespräch.
tsūwa o torikesh^{i}te kudasai.

Hier ist Müller. Ich möchte Herrn Tanaka sprechen.
kochíra wa myúrā des^{u}. Tanáka-san to hanash^{i}tai des^{u}.

Hallo!
móshi-moshí.

Ist Frau Tanaka zu Hause?
Tanaka-san wa go-zaitaku des^{u} ká?

---

*) *Ein Auslandsgespräch kann man von zu Hause oder vom Hotel durch das Internationale Fernmeldeamt (KDD) auf Englisch anmelden.*

Absender	sashidashinin, hasshin'nin
anrufen	denwa o kakeru
Bestimmungsort	ikisaki, mokutekichi
Briefkasten	posuto
Briefmarken	kitte
Briefträger	yūbinhaitatsuin, yūbin'ya-san
Briefumschlag	fūtō
Drucksache	insatsubutsu
Eilpost	sokutatsu
Einschreiben	kakitome
Empfänger	uketorinin, jushin'nin
Fernamt	shigai-kyoku, kōkan-kyoku
frankieren	kitte o haru
Gebühr, Porto	(yūbin-)ryōkin
Hausbriefkasten	yūbin'uke
Leitung	denwa-kaisen
Luftpost	kōkūbin
Münzfernsprecher	kōshū-denwa
Nachgebühr	tsuika-ryōkin, fusoku-ryōkin
Nachnahme	daikin-hikikae
Ortsgespräch	shinai-tsūwa
Paketkarte	kozutsumi-hyō, nifuda
Postamt	yūbinkyoku
Postfach	shishobako
postlagernd	kyokudome
Postleitzahl	yūbinbangō
Rückporto	henshin-yō-kitte
Schalter	madoguchi
Sendung	yūbinbutsu
Telefon	denwa
Telefonbuch	denwa-chō
Telefonzelle	denwa-bokkusu
unfrankiert	kitte no hatte inai
unterschreiben	*(sain) shomei* o suru
Vorwählnummer	shigai-kyokuban
Wertangabe	kakaku-hyōki
Wertbrief	kakaku-hyōki-yūbinbutsu, genkin-kakitome
Wertpaket	kakaku-hyōki-kozutsumi

BANK, GELDWECHSEL

Die Währung

(einheitlich en*)*

Münzen (kōka, tama, -dama)			*Noten* (shihei, satsu)		
¥	1,–	ichi-en	¥	500,–	gohyaku-en
¥	5,–	go-en	¥	1.000,–	sen-en
¥	10,–	jū-en	¥	5.000,–	gosen-en
¥	50,–	gojū-en	¥	10.000,–	ichiman-en
¥	100,–	hyaku-en			
¥	500,–	gohyaku-en			

Große und mittelgroße Filialen der meisten Banken haben ihre Abteilungen für Geldwechsel und Überweisungen ins/aus dem Ausland oft im ersten Stock. In internationalen Hotels gibt es auch die Möglichkeit, Geld zu wechseln oder Travellerschecks einzulösen.

Wo ist eine *Bank (Wechselstube)*?
gínkō (ryōgaejo) wa dóko des^u ká?

Wann ist sie geöffnet?
nán-ji ni akimas^u ká?

Kann ich bei Ihnen *Geld umtauschen (einen Scheck einlösen)*?
o-táku de *ryōgae (kogítte o génkinka)* dekimas^u ká?

Ich möchte 300 DM in Yen umtauschen.
san-byaku-maruku o nihón-en ni kaetai des^u.

Wieviel bekomme ich für 1.000 Schilling?
sen-shiringu wa íkura ni narimas^u ká?

Können Sie mir 10.000 Yen in DM zurücktauschen?
ichi-man-en o doits^u-maruku ni modósh^{i}te kuremasen ká?

Ist das der offizielle Wechselkurs für US-Dollar?
koré wa bei-doru no kōsh^{i}ki na kōkan-rēto des^u ká?

Können Sie mir auch etwas Kleingeld geben?
s^{u}kósh^i kózeni mo irete kuremasen ká?

銀行	ginkō	**Bank**
公認両替商	kōnin ryōgaeshō ..	**Geldwechsel**

Ich möchte diesen *Scheck (Reisescheck)* einlösen.
konó *kogitte (toráberāzu-chekku)* o génkinka sh^{i}tai des^{u}.

Akzeptieren Sie auch diese Kreditkarte?
konó k^{u}rejitto-kādo de mo haráemasu ká?

auszahlen	hikidasu, haraimodosu
Bankfiliale	ginkō no shiten
Bankkonto	ginkō-kōza
(in) bar	genkin (de)
Bargeld	genkin
Betrag	kingaku, gaku
Devisen	gaika
Formular	yōshi
Geld	o-kane
– abheben	hikidasu
– einzahlen	haraikomu, nyūkin suru
– D-Mark	nishi-doitsu-maruku
– Schilling	shiringu
– Schweizer Franken	suisu-furan
– Dollar	*bei- (yū-esu-)*doru
Geldwechsel	ryōgae
Kreditkarte	kurejitto-kādo
Provision	tesūryō
Quittung	ryōshūsho
Rechnung	seikyūsho, inboisu
Reisescheck	toraberāzu-chekku, ryokō- -kogitte
Scheck	kogitte, chekku
Sparbuch	yokin-tsūchō
Sparkonto	futsū-yokin-kōza
telegrafisch	denshin de
Überweisung	sōkin, furikae
– Auslandsüberweisung	*kaigai- (gaikoku-)*sōkin
Unterschrift	sain, shomei
Währung	tsūka
Wechselkurs	kawase-sōba, kōkan-rēto
wechseln	*ryōgae (kōkan)* suru
Zahlung	shiharai
Zahlungsmittel	shiharai-shudan

AUF DER POLIZEI

Anzeige

Ich möchte ... anzeigen.
... o todoke detai des^{u}.

einen Diebstahl	settō
einen Überfall	gōtō
einen Unfall	jiko
eine Vergewaltigung	bōkō

Man hat mir ... gestohlen.
... ga nusúmaremash^{i}ta.

Ich habe ... verloren.
... o nak^{u}sh^{i}mash^{i}ta.

die Brieftasche	kamiire
den Fotoapparat	kamera
mein Geld	o-kane
die Handtasche	handobaggu
einen Koffer	toranku
meine Papiere	watashi no shōmeishorui
die Schlüssel	kagi
die *Schecks (Reiseschecks)*	*kogitte (toraberāzu-chekku)*

Mein Auto wurde *gestohlen (aufgebrochen).*
watáshi no kuruma ga *nusúmaremash^{i}ta (kojíakeraremash^{i}ta).*

Ich bin *beraubt (überfallen)* worden.
doróbo (gōtō) ni aimash^{i}ta.

Ich möchte mit *einem Anwalt (meinem Konsulat)* sprechen.
béngosh^{i} (kuní no ryōjikan) to hanash^{i}tai des^{u}.

警察	keisatsu	**Polizei**
交番	kōban	**Polizeiposten**

***Wir müssen ein Protokoll aufnehmen.**
chōsho o toranakereba narímasen.

Ich habe damit nichts zu tun.
watáshi wa kankei arimasen.

Ich bin unschuldig.
watáshi no sekinin dewa arímasen.

Wie lange muß ich hierbleiben?
dóno gurai koko ni inakereba narimasen ká?

Ich bitte um einen Dolmetscher.
tsūyaku o yonde kudasai.

Dieser Mann *belästigt (verfolgt)* mich.
konó otoko ga watáshi *o wazúrawasemas^u (no ato o ts^ukete kimas^u)*.

Anklage	uttae, kiso
beschlagnahmen	ōshū suru, sashiosaeru
Dieb	dorobō
Gefängnis	rōya
Gericht	saibansho, hōtei
Haft	kōryū, kōin, kōchi
Häftling	shūjin
Kriminalpolizei	keiji-keisatsu
Polizeiwagen	patorōru-kā, pato-kā
Polizist	keisatsukan, keikan
– ***(familiär)***	o-mawari-san
Rauschgift	mayaku-rui
Schmuggel	mitsuyu
Schuld	tsumi
Staatsanwalt	kenji
Überfall	gōtō
Untersuchungsrichter	yoshin-hanji
Urteil	hanketsu
Verbrechen	hanzai
Verbrecher	hanzai-sha
verhaften	*taiho (kōryū)* suru
Verhaftung	taiho, kōryū
Vernehmung	jinmon
volltrunkene Person	deisui-sha
Zelle	dokubō
Zeuge	shōnin

BEIM FRISEUR

Damensalon

***Sie müssen etwas warten.**
shōshō o-máchi kudasai.

***Welche Frisur wünschen Sie?**
dónna heyā-s^{u}tairu ga yoroshii des^u ká?

Können Sie mich zur Dauerwelle vormerken?
pāma no yoyaku o o-negai shimas^u.

– für Sonnabend
– doyōbi ni

– für morgen
– ash^{i}ta

Wann haben Sie Zeit?
íts^u ga aiteimas^u ká?

***Ich merke Sie für ... Uhr vor.**
... ni dōzo.

***Paßt es Ihnen?**
yoroshii des^u ká?

Waschen und *legen (fönen)* bitte.
shánpū to *sétto (doraiyā)* o o-negai shimas^u.

Machen Sie mir bitte so eine Frisur wie diese hier.
kónna heyā-s^{u}tairu ni sh^{i}te kudasai.

Bitte färben.
sométe kudasai.

Etwas *heller (dunkler)*, bitte.
s^{u}kóshi *akáruku (kuráku)* sh^{i}te kudasai.

***Vorn (Hinten)* etwas kürzer bitte.**
máe (ushíro) o s^{u}koshi mijíkaku sh^{i}te kudasai.

Bitte so lassen.
sonó mama de íi des^u.

Schneiden Sie nur die Spitzen ab.
kesáki o kiru dake de kékkō des^u.

***Gut so?**
koré de ikága des^u ká?

Bitte *seitlich (oben)* etwas toupieren.
s^{u}kóshi *yokó (ué)* ni sakáge o tatete kudasai.

***Sind die Lockenwickler nicht zu fest?**
kārā ga kits^u-sugi masen ká?

***Ist es nicht zu heiß unter der Haube?**
fūdo no sh^{i}ta ga ats^u-sugi masen ká?

Bitte *keinen Festiger (kein Haarspray).*
settó-rōshon (heyā-s^{u}purei) wa ts^{u}káwanaide kudasai.

***Soll ich eine Cremespülung machen?**
kurīmu-shanpū o sh^{i}mashō ká?

Ja, bitte.
hái, o-négai shimas^{u}.

Können Sie mir *Maniküre (Pediküre)* machen?
manikyua (pedikyua) o sh^{i}te kuremasen ká?

Die Nägel bitte rund feilen.
ts^{u}mé no saki o marúku sh^{i}te kudasai.

Bitte nur polieren.
migáku dake ni sh^{i}te kudasai.

***Welchen Nagellack?**
dóno manikyua ni nasaimas^{u} ká?

Diesen, bitte.
koré o o-negai shimas^{u}.

Bitte die Augenbrauen *nachziehen (ausrasieren).*
mayúzumi o *iréte (kesh^{i}te)* kudasai.

Bitte eine *Gesichtsmaske (Gesichtsmassage).*
pákku (kaó no massāji) o o-negai shimas^{u}.

Ja danke, es ist gut so.
dōmo, koré de kékkō des^{u}.

Sehr schön.
totémo ii des^{u}.

美容院	biyōin	**Damensalon**
パーマ	pāma	**Dauerwelle**
理容院	riyōin	**Herrensalon**
床屋	tokoya	**Friseur**

Herrensalon

***Bitte nehmen Sie Platz.**
dōzo o-káke kudasai.

***Haarschneiden?**
kátto des^{u} ká?

***Rasieren auch?**
higé mó?

Bitte Haarewaschen und Schneiden.
sénpats^{u} to katto o o-negai shimas^{u}.

Bitte nur rasieren.
higé dake de kekkō des^{u}.

***Wie wollen Sie das Haar geschnitten haben?**
dónna heyā-s^{u}tairu ga íi des^{u} ká?

Bitte einen kurzen Haarschnitt.
mijíkaku sh^{i}te kudasai.

Bitte nicht zu kurz.
amári mijikaku shináide kudasai.

Bitte nur an den Seiten und hinten etwas wegnehmen.
yokó to ushiro dake o s^{u}kóshi kátto sh^{i}te kudasai.

Den Scheitel bitte *links (rechts)*.
h^{i}dari-wake (migi-wake) ni sh^{i}te kudasai.

Ohne Scheitel.
wakéme wa ts^{u}kénaide kudasai.

Den *Bart (Schnurrbart)* bitte etwas stutzen.
hige (k^{u}chi-hige) o s^{u}koshi karíkonde kudasai.

***Tut das Rasiermesser nicht weh?**
kamísori ga ítakunai des^{u} ká?

***Etwas *Haarwasser (Frisiercreme)*?**
s^{u}kóshi *heyā-rōshon (seihats^{u}-k^{u}rīmu)* o ts^{u}kemashō ká?

***Etwas *Kölnischwasser (Puder)*?**
ōdekoron (paudā) o s^{u}koshi ts^{u}kemashō ká?

***Eine Kopfmassage?**
atáma no massāji wa ikága des^{u} ká?

Bitte trocken lassen.
kawákash^{i}te kudasai.

Ja, danke, so ist es recht.
dōmo, koré de kekkō des^{u}.

aufhellen, blondieren	kami o hyōhaku suru
Bart	hige
Dauerwelle	pāma
färben	kami o someru
Fönfrisur	doraiyā-setto
Friseur, Friseuse	biyōshi *(Damen)*, riyōshi *(Herren)*
frisieren	chōhatsu suru
Frisur	heyā-sutairu, kamigata
Haare	ke, kami
– fettig	yusei (no)
– trocken	kansei (no)
– fein	yawarakai
Haarausfall	nukege
Haarschneiden, Haarschnitt	katto
Haarteil	heyā-pīsu
Haarwäsche	senpatsu, shanpū
kämmen	kami o tokasu
Koteletten	momiage
legen	setto suru
Locken	kāru
Maniküre	manikyua(-shi *Person*)
Pediküre	pedikyua(-shi *Person*)
Perücke	katsura
Pony	maegami
Ponyfrisur	o-kappa
rasieren	hige o suru
Scheitel	wakeme
– Mittelscheitel	man'naka-wake
schneiden	kami o kiru
Schönheitssalon	byūtī-saron, biyōin
Schuppen	fuke
Spiegel	kagami
Strähne	ketaba
Trockenhaube	doraiyā
waschen	senpatsu suru
Wasserwelle	setto
Zopf	o-sage

GESUNDHEIT

Apotheke

Wo ist *die nächste Apotheke (der nächste Drugstore)*?
konó ch^{i}kaku no *yakkyoku (k^{u}suriya)* wa dóko des^{u} ká?

Welche Apotheke hat Nachtdienst?
dóno yakkyoku ga yóru mo aite imas^{u} ká?

Dieses Medikament, bitte.
konó k^{u}suri o o-négai shimas^{u}.

Geben Sie mir bitte etwas gegen …
…-yō no k^{u}suri o o-negai shimas^{u}.

Durchfall	geri
Erkältung	kaze
Halsschmerzen	nodo no itami
Husten	seki
Kopfschmerzen	zutsū
Schnupfen	hanakaze

Können Sie mir dieses Medikament besorgen?
konó k^{u}suri o tehai sh^{i}te kuremasen ká?

äußerlich	gaiyō-yaku	外用薬
innerlich	naifuku-yaku	内服薬
vor dem Essen	shokuzen	食前
nach dem Essen	shokugo	食後
dreimal täglich	ichi-nichi-san-kai	一日三回
nach Anweisung des Arztes	ishi no shiji ni shitagau	医師の指示に従う
auf nüchternen Magen	chōshoku-mae	朝食前
vor dem Schlafengehen	shūshin-mae	就寝前

Wann kann ich es bekommen?
íts^{u} kimas^{u} ká?

Kann ich warten?
mátte ite mo íi des^{u} ká?

Ist für diese Arznei ein Rezept erforderlich?
konó k^{u}suri wa shohōsen ga irimas^{u} ká?

Ich möchte …
… o o-négai shimas^{u}.

Abführmittel	gezai
Alkohol	arukōru
Ampulle	anpuru
Antibabypillen	hinin'yaku
Antibiotikum	kōsei-busshitsu
Aspirin	asupirin
Augentropfen	megusuri
Beruhigungsmittel	chinseizai
Binde	hōtai, sankakukin
blutstillende Mittel	shiketsuzai
Borwasser	hōsan-sui
Brandsalbe	yakedo-yō-nankō
Brechmittel	tozai
Chinin	kinīne
Desinfektionsmittel	shōdokuzai
Dosis	fukuyōryō
Einreibemittel	nurigusuri, nankō
Elastikbinde	gomu-hōtai
fiebersenkendes Mittel	genetsuzai
Fieberthermometer	taionkei
Glyzerin	guriserin
Gurgelwasser	ugai-gusuri
Heftpflaster	bansōkō
Herzmittel	kyōshinzai
Hustenmittel	sekidome no kusuri
Insektenmittel	mushi-sasare no kusuri
Insulin	inshurin
Jodtinktur	yōdochinki
Kopfschmerztabletten	zutsūyaku
Kreislaufmittel	kekkō-sokushinzai
Magentabletten	ichōyaku
Mittel	kusuri, …-yaku

Mullbinde	gāze-hōtai
Mundwasser	kōshū-dome no kusuri
Nasentropfen	tenbiyaku
Natron	tansan-sōda
Ohrentropfen	mimi no kusuri
Pfefferminze	hakka, minto
Pflaster	bansōkō
Pillen	jōzai
Rizinusöl	himashiyu
Salbe	nurigusuri, nankō
Salmiakgeist	anmonia-sui
Schlaftabletten	suimin'yaku
Schmerztabletten	itamidome
Schnellverband	kari-hōtai
schweißtreibendes Mittel	hakkanzai
Spritze, Injektion	chūsha
Stärkungsmittel	kyōsōzai
Tablette	jōzai
Talkumpuder	tarukamu-paudā
Traubenzucker	budōtō
Tropfen	eki-jō no kusuri
Vaseline	waserin
Verbandszeug	ōkyū-teate-yōhin
Vitamintabletten	bitamin-zai
Wasserstoffsuperoxyd	okishidōru, okishifuru, kasanka-shiso-sui
Watte	wata
Zäpfchen	zayaku

Viele Ärzte sprechen bzw. verstehen (geschriebenes) Englisch und Deutsch, zumindest aber eine der beiden Sprachen. Es kann oft hilfreich sein, dem Arzt die in Frage kommenden Wörter oder Sätze im Sprachführer zu zeigen. Für Touristen ist es ratsam, vor der Reise eine Unfall- und Krankenversicherung abzuschließen, die die Kosten der medizinischen Versorgung deckt. Medikamente bekommt man meistens direkt vom Arzt, so daß der Weg zur Apotheke entfällt.

Beim Arzt

Rufen (Holen) **Sie bitte (schnell) einen Arzt!**
(isóide) ishá o yonde kudasai!

Gibt es im Hotel einen Arzt?
konó hoteru ni ishá ga imas^u ká?

Kann er herkommen?
sénsei wa koráremas^u ká?

Wo ist *ein Arzt (ein Krankenhaus, eine Poliklinik)*?
ishá (byōin, sōgō-byōin) wa dóko des^u ká?

Fahren Sie mich bitte in ein Krankenhaus.
byōin made ts^{u}rete itte kudasai.

Ich bin krank.
watáshi wa byōki des^u.

Wann hat der Arzt Sprechstunde?
shinryō-jikan wa íts^u des^u ká?

Wann kann der Doktor kommen?
sénsei wa nan-ji ni koraremas^u ká?

Mein Mann (Meine Frau/Unser Kind) **ist krank.**
watáshi no shujin (watáshi no tsuma/uchí no kodomo) ga byōki des^u.

Arzt	isha, *(Anrede)* sensei
Augenarzt	ganka-i
Chirurg	geka-i
Facharzt	senmon-i
Frauenarzt	san-fujinka-i
Hals-Nasen-Ohren-Arzt	ji-bi-inkōka-i
Hautarzt	hifuka-i
Hebamme	josanpu
Internist	naika-i
Kinderarzt	shōnika-i
Urologe	hinyōkika-i

診療時間	shinryōjikan	**Sprechstunde**
診察室	shinsatsushitsu	**Sprechzimmer**
待合室	machiaishitsu	**Wartezimmer**
受付	uketsuke	**Anmeldung**

***Sind Sie angemeldet?**
shínsats^u-mōshikomi o nasáimash^{i}ta ká?

Es ist ein Notfall.
kínkyū des^u.

***Warten Sie bitte im Wartezimmer.**
machíaish^{i}ts^u de o-máchi kudasai.

***Sie werden bald aufgerufen.**
jikí ni o-yobi shimas^u.

Seit einigen Tagen fühle ich mich nicht wohl.
sūjits^u-mae kara kíbun ga warúi des^u.

Der *Hals (Leib)* tut mir weh.
nódo (karáda) ga itámimas^u.

Hier tut es weh.
kokó ga itámimas^u.

Ich habe hier (starke) Schmerzen.
kokó ga (totémo) itamimas^u.

Ich habe hier stechende Schmerzen.
kokó ga ch^{i}kuch^{i}ku shimas^u.

Ich habe (hohes) Fieber.
(takái) nets^u ga arimas^u.

Ich habe mich erkältet.
kazé o h^{i}kimash^{i}ta.

Ich habe mich übergeben müssen.
háite shimaimash^{i}ta.

Ich vertrage *die Hitze (das Essen)* nicht.
áts^{u}sa (shokúji) ni atarimash^{i}ta.

Ich habe mir den Magen verdorben.
i ó kowashimash^{i}ta.

Ich habe ... gegessen.
... o tabémash^{i}ta.

Mir wird oft übel.
shótchū kíbun ga wáruku narimas^u.

Ich habe (starken) Durchfall.
(hidói) gerí o shimash^{i}ta.

Ich kann nicht schlafen.
neráremasen.

Ich habe *Kopfschmerzen (Ohrenschmerzen)*.
atáma (mimí) ga itái des^u.

Ich habe Schüttelfrost.
okán ga shimas^{u}.

Die Augen tun mir weh.
mé ga itámimas^{u}.

Ich bin (von einem Hund) gebissen worden.
(inú ni) kamáremash^{i}ta.

Ist es schlimm?
warúi des^{u} ká?

Mich hat etwas gestochen.
náni-ka ga sasárimash^{i}ta.

Ich habe mich (hier) verletzt.
(kokó o) kegá shimash^{i}ta.

Ich bin gestürzt.
téntō shimash^{i}ta.

Ich habe mir den Arm gebrochen.
udé o orímash^{i}ta.

Ich habe mir den Fuß verstaucht.
ashí o nénza shimash^{i}ta.

Ich bin Diabetiker.
watáshi wa tōnyōbyō des^{u}.

Ich habe einen Herzschrittmacher.
watáshi wa shínzō no pēsu-mēkā o irete imas^{u}.

Ich nehme regelmäßig diese Medikamente.
watáshi wa its^{u}mo konó kusuri o teikiteki ni f^{u}kúyō sh^{i}te imas^{u}.

Ich bin im ... Monat schwanger.
watáshi wa ninshin ...-kagets^{u} des^{u}.

Ich bin allergisch gegen ...
... ni taish^{i}te arerugī des^{u}.

Ich möchte mich gegen ... impfen lassen.
... ni k^{i}ku chūsha o utte kudasai.

Ich fühle mich *etwas (bedeutend)* besser.
s^{u}koshi (daibu) kibun ga yóku narímash^{i}ta.

Ich bin (wieder) gesund.
watáshi wa (mata) kenkō des^{u}.

Können Sie mir *ein Attest (eine Rechnung, eine Quittung)* ausstellen?
shíndan-sho (séikyū-sho, ryōshū-sho) o kaite kudasai.

Vom Arzt werden Sie hören:

Machen Sie sich frei.
f^{u}kú o núide kudasai.

Machen Sie den Oberkörper frei.
jōhanshin daké nuide kudasai.

Tut es hier weh?
itámimas^{u} ká?

Tief atmen.
shínkokyū sh^{i}te kudasai.

Zeigen Sie die Zunge.
sh^{i}tá o mísete kudasai.

Ausatmen (Nicht atmen).
íki o *háite (tométe)* kudasai.

Was haben Sie gegessen?
náni o tabemash^{i}ta ká?

Seit wann sind Sie schon krank?
íts^{u} kara byōki des^{u} ká?

Wir müssen *das Blut (den Urin)* untersuchen.
ketsúeki (nyō) no kénsa ga hits^{u}yō des^{u}.

Sie müssen ins Krankenhaus.
nyūin ga hits^{u}yō des^{u}.

Ich muß Ihnen eine Spritze geben.
chūsha ga hits^{u}yō des^{u}.

Bitte lassen Sie sich in der Uni-Klinik eingehender untersuchen.
dáigaku-byōin de séimits^{u}-kensa o ukete kudasai.

Ich gebe Ihnen eine Überweisung.
shōkai-jō o kakimas^{u}.

Sie müssen operiert werden.
shújuts^{u} ga h^{i}ts^{u}yō des^{u}.

Ich muß Ihnen *Bettruhe (strenge Diät)* verordnen.
ánsei (k^{i}tsúi daietto) ga h^{i}ts^{u}yō des^{u}.

Bleiben Sie einige Tage im Bett.
ni-sán-nichi ánsei ni sh^{i}te kudasai.

Nehmen Sie davon dreimal täglich zwei Tabletten.
ichí-nichi ni sán-kai ní-jō nonde kudasai.

Es ist nichts Ernstes.
shínpai arimasen.

Kommen Sie in acht Tagen wieder.
yōka sh^{i}tara matá k^{i}te kudasai.

Sie können sich wieder anziehen.
f^{u}kú o k^{i}te mo kékkō des^{u}.

Körperteile und -funktionen

Achselhöhle	waki no shita
Ader	kekkan
Arm	ude
Atmung	kokyū
Auge	me
Augenlid	mabuta
Bandscheibe	tsuikanban
Bauch	hara, o-naka
Becken	kotsuban
Bein	momo, ashi
Blase	bōkō
Blinddarm	mōchō
Blut	chi, ketsueki
Blutdruck	ketsuatsu
Brust	mune
Brustkorb	kyōkaku
Darm	chō
Daumen	oyayubi
Drüse	sen
Ellbogen	hiji
Ferse	kakato, kibisu
Finger	yubi *(auch Zehe)*
– kleiner Finger	koyubi
Fuß	ashi
Fußsohle	ashi no ura
Galle	tan'nō, tanjū
Gaumen	kōgai, uaago
Gehirn	nō
Gelenk	kansetsu
Genick	kubisuji
Geschlechtsorgane	seiki
Gesicht	kao
Glieder	teashi
Hals	kubi
Hand	te
Handgelenk	tekubi
Haut	hifu
Herz	shinzō
Hüfte	koshi

Kehle	nodo
Kehlkopf	nodobotoke, kōtō
Kieferhöhle	gakudō
Kinn	(shita-)ago
Knie	hiza
Kniescheibe	hizagashira
Knöchel	kurubushi
Knochen	hone
Kopf	atama
Körper	karada
Kreislauf	kekkō, junkan
Leber	kanzō
Lippe	kuchibiru
Luftröhre	kikan
Lunge	hai
Magen	i
Mandeln	hentōsen
Menstruation	gekkei, seiri, mensu
Milz	hizō
Mittelfinger	nakayubi
Mund	kuchi
Muskel	kin'niku
Nacken	unaji, kubi(suji)
Nagel	tsume
Nase	hana
Nerv	shinkei
Niere	jinzō
Ohr	mimi
Puls	myaku(haku)
Ringfinger	kusuriyubi
Rippe	abarabone
Rücken	senaka
Rückgrat	sebone, sekitsui
Schädel	zugai, zugaikotsu
Schenkel	futomomo
– Oberschenkel	futomomo
– Unterschenkel	sune
Schienbein	sune
Schläfe	komekami
Schleimhaut	nenmaku
Schlüsselbein	sakotsu

Schulter	kata
Schulterblatt	kenkōkotsu
Schwangerschaft	ninshin
Sehne	suji, ken
Speiseröhre	shokudō
Stirn	hitai
Stirnhöhle	zentōdō
Stoffwechsel	shinchin-taisha
Stuhlgang	bentsū
Trommelfell	komaku
Unterleib	kafukubu
Urin	nyō
Vene	jōmyaku
Verdauung	shōka
Wade	fukurahagi
Wange	hoo
Wirbelsäule	sekichū
Zehe	ashi no yubi
Zeigefinger	hitosashiyubi
Zunge	shita

Krankheiten

Abszeß	nōyō
Allergie	arerugī
Anfall	hossa
Angina	hentōsen-en
Asthma	zensoku
Atembeschwerden	kokyū-shōgai
Augenentzündung	gan-en
Ausschlag	hasshin
Behinderung	shōgai
– ***geistig, Nerven***	shinkei-shōgai
– ***körperlich***	shintai-shōgai
Bindehautentzündung	ketsumaku-en
Blähungen	chōnai-gasu
Blinddarmentzündung	mōchō-en
Blutarmut	hinketsu
Bluterguß	naishukketsu
Bluthochdruck	kōketsuatsu

Blutung	shukketsu
Blutvergiftung	haiketsushō
Brechreiz	hakike
Bronchitis	kikanshi-en
Cholera	korera
Darmkatarrh	chō-kataru
Diphtherie	jifuteria
Drogenabhängigkeit	mayaku-chūdoku
Entzündung	enshō, ...-en
Erbrechen	ōto
Erfrierung	tōshō
Erkältung	kaze
Fieber	netsu
Furunkel	o-deki, dekimono
Gallensteine	tanseki
Gehirnerschütterung	nōshintō
Gelbsucht	ōdan
Geschlechtskrankheit	seibyō
Geschwulst	haremono, o-deki, shuyō
Geschwür	kaiyō
Grippe	ryūkōsei-kanbō, ryūkan, infuruenza
Halsschmerzen	nodo no itami
Hämorrhoiden	ji
Hautabschürfung	sakka-shō
Hautkrankheit	hifu-byō
Heiserkeit	shagaregoe
Herzanfall	shinzō-hossa
Herzinfarkt	shinkin-kōsoku
Herzleiden	shinzō-byō
Heuschnupfen	kafunshō
Hexenschuß	gikkurigoshi
Husten	seki
Infektion	kansen, densen
Ischias	zakotsu-shinkeitsū
Keuchhusten	hyakunichi-zeki
Kinderlähmung	shōni-mahi
Knochenbruch	kossetsu
Kolik	sentsū, fukutsū
Krampf	keiren, hikitsuke
Krankheit	byōki, ...-byō

– **akut**	kyūsei
– **ansteckend**	densensei
– **chronisch**	mansei
Krebs	gan
Kreislaufstörungen	kekkō-shōgai
Lähmung	mahi, fuzui, chūfū
Lebensmittelvergiftung	shokuchūdoku
Leberleiden	kanzō-byō
Leistenbruch	sokei-herunia
Leukämie	hakketsu-byō
Lungenentzündung	hai-en
Mandelentzündung	hentōsen-en
Magengeschwür	i-kaiyō
Magenschmerzen	itsū, haraita
Malaria	mararia
Masern	hashika
Migräne	henzutsū
Mittelohrentzündung	chūji-en
Mumps	otafukukaze
Nasenbluten	hanaji
Nervenleiden	shinkei-byō
Neuralgie	shinkeitsū
Nierensteine	jinseki
Ohnmacht	shisshin, sottō, jinji-fusei
Pocken	tōsō, ten'nentō
– **Windpocken**	hōsō
Quetschung	zashō
Rheuma	ryūmachi
Rippenfellentzündung	rokumaku-en
Rückenschmerzen	senaka no itami
Ruhr	sekiri
Scharlach	shōkō-netsu
Schlaflosigkeit	fumin-shō
Schlaganfall	sotchū
Schnupfen	hanakaze
Schock	shōgeki, shokku
Schwellung	hare
Schwerhörigkeit	nanchō
– **Hörgerät**	hochō-ki
Schwindelanfall	memai
Sehnenzerrung	suji-chigai

Seitenstechen	wakibara no itami
Sonnenbrand	hiyake
Sonnenstich	nissha-byō
Sucht	chūdoku
Tetanus	hashōfū
Tollwut	*kyōken- (kyōsui-)*byō
Tuberkulose	kekkaku
Typhus	chifusu
Übelkeit	mukatsuki
Verbrennung	yakedo
Verdauungsstörung	shōka-*shōgai (-furyō)*
Vereiterung	kanō
Vergiftung	chūdoku
Verletzung	fushō, shōgai
Verrenkung	dakkyū
Verstauchung	nenza
Verstopfung	benpi
Wunde	kega, gaishō
– verbinden	hōtai suru
Zuckerkrankheit	tōnyō-byō

Krankenhaus

Aufnahme	nyūin(-tetsuzuki)
Besuchszeit	menkai-jikan
Blutbild	ketsueki-zō
Blutgruppe	ketsueki-gata
Blutprobe	ketsueki-kensa
Bluttransfusion	yuketsu
Chefarzt	ichō
Diagnose	shindan
durchleuchten	rentogen o toru, ekkusu-sen-kensa o suru
Entlassungsschein	taiin-kyokashō
Fieberkurve	taion-kyokusen, netsu-gata
Gesundheitszustand	kenkō-jōtai
Injektion	chūsha
Katheter	katēteru
Krankenhaus	byōin
Krankenpfleger	kangonin
Krankenschwester	kangofu

Krankenwagen	kyūkyūsha
Nachtgeschirr	benki
Nachtschwester	yakin no kangofu
Narkose	masui
Notfallkrankenhaus	kyūkyūbyōin
Oberschwester	fuchō
Operation	shujutsu
Operationssaal	shujutsu-shitsu
operieren	shujutsu o suru
– operiert werden	shujutsu o ukeru
Patient(in), Kranke(r)	kanja, kuranke
Rollstuhl	kurumaisu
Röntgenaufnahme	*rentogen- (ekkusu-sen-)* shashin
Station	byōtō
Stationsarzt	byōtō-i
Temperatur	taion, netsu
Untersuchung	kensa
Urinflasche	shubin
Verband	hōtai
– wechseln	hōtai o torikaeru
– Gipsverband	gipusu

Schwester, geben Sie mir *etwas gegen Schmerzen (ein Schlafmittel)*.
kángof^{u}-san, *itámidome (suímin'yaku)* o s^{u}koshi kudasai.

Wann darf ich aufstehen?
íts^{u} okiraremas^{u} ká?

Wann werde ich entlassen?
íts^{u} taiin dekimas^{u} ká?

In größeren Städten gibt es konfessionelle (katholische, evangelische) Krankenhäuser und Kliniken mit westlicher Küche und Betreuung.

Unfallhilfe erreicht man überall in Japan über die Telefonnummer 119.

病院 byōin .... **Krankenhaus**

Beim Zahnarzt

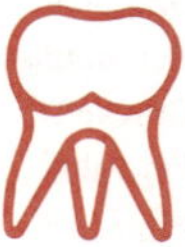

Wo gibt es hier einen Zahnarzt?
shiká-i wa dóko des^{u} ká?

Ich habe Zahnschmerzen.
há ga itái des^{u}.

Muß ich mich zur Behandlung vorher anmelden?
chiryō no yoyaku o sh^{i}nakereba ikemasen ká?

Dieser Zahn tut weh.
konó ha ga itamimas^{u}.

Ich habe hier Schmerzen.
kokó ga itamimas^{u}.

– oben
– ué ga

– unten
– sh^{i}ta ga

Eine Plombe ist herausgefallen.
ts^{u}mémono ga hazúremash^{i}ta.

Der Zahn wackelt.
há ga gurats^{u}kimas^{u}.

... ist abgebrochen.
... ga oremash^{i}ta.

Können Sie den Zahn provisorisch behandeln?
konó ha o ōkyū-shochi sh^{i}te kuremasen ká?

Muß der Zahn gezogen werden?
konó ha o nukánakereba narimasen ká?

Können Sie diese Prothese reparieren?
konó gishi o naósh^{i}te kuremasen ká?

***Bitte ausspülen.**
kuchi o s^{u}suide kudasai.

Ich muß den Zahn *röntgen (ziehen).
konó ha *no réntogen o toranakereba (o nukánakereba)* narimasen.

Bitte eine Stunde *nichts essen (nicht rauchen).
ichí-jikan *naní mo tabénaide (tabáko o suwanaide)* kudasai.

Wann soll ich wiederkommen?
kóndo íts^{u} kimashō ká?

***Kommen Sie in zwei Tagen wieder.**
asátte (f^{u}tsuka-go) ni matá k^{i}te kudasai.

歯医者	haisha	**Zahnarzt**

Abdruck	hagata
Backenzahn	okuba
betäuben	masui o kakeru
Betäubung	masui
Brücke	burijji
Eckzahn	yaeba
Einlage	tsumemono
Füllung, Plombe	puronbe, sōtenzai
Gebiß	hanarabi, ireba
Injektion	chūsha
Kiefer	ago
– Oberkiefer	uwa-ago
– Unterkiefer	shita-ago
Klammer	hanarabi no kyōsei-ki
Krone	kinkan
Nerv	shinkei
Platte	purēto
Schneidezahn	maeba
Stiftzahn	tsugiba
Vorderzahn	maeba
Weisheitszahn	oyashirazu
Wurzel	shikon
Wurzelbehandlung	shikon no chiryō
Zahn	ha
– kariös	*mushiba (kariesu)* no
– plombieren	(ha ni) tsumeru
– ziehen	(ha o) nuku
Zahnersatz	ireba
Zahnfleisch	haguki
Zahnhals	shikei
Zahnklinik	shika
Zahnprothese	sō-ireba
Zahnschmerzen	shitsū, haita

Kuraufenthalt

Akupunkteur	hari no sensei
Akupunktur	hari
Bademeister	yokujō-kanrinin
Badeort	tōjiba
Balneotherapie	onsen-ryōyō
Bestrahlung	shōsha
Brunnen, Mineralbrunnen	kōsen
chinesische Medizin	kanpō
Diät(kur)	daietto, shokuji-ryōhō
Gymnastik	taisō
Heilquelle	onsen
inhalieren	kyūnyū suru
Kur	hoyō, ryōyō
Kurgast	tōjikyaku
Kurort	hoyōchi, tōjiba
Luftkurort	tenchi-ryōyōchi
Massage	massāji
Masseur, Masseuse	massāji-shi
massieren	massāji o suru
Meerwasser	kaisui
Mineralbad	kōsen'yoku
Moor	doro
Moorbad, Schlammbad	doroburo
Moxa, Moxibustion	kyū
radioaktiv	*rajiumu (hōsha-sei)* no
Sanatorium	sanatorium
Schlamm	doro
Solarium	sōrā
Solebad	shokuensen
Thermalquelle	onsen

Moxa (jap. mokusa*) – „Brennkraut" – kleiner, aus leicht brennbaren Stoffen (in Japan Artemisia-Kraut) geformter Kegel oder Zylinder, der auf der Haut verbrannt wird. Als Heilverfahren wird Moxibustion bei Gicht, chron. Rheuma usw. angewendet.*

KONZERT, THEATER, KINO

Erkundigung, Kartenkauf

Welches *Theater (Konzert)* empfehlen Sie uns zu besuchen?
dóno *shibai (konsāto)* ga ii des^u ká?

Was wird heute im *Nationaltheater (Kabuki-Theater)* gespielt?
kyō *kokurits^u-gekijō (kabúki-za)* de náni o yarimas^u ká?

Wo kann man sich traditionelle japanische Tänze ansehen?
dóko de nihon no dentō-buyō ga miraremas^u ká?

Was für ein Film läuft jetzt in diesem Filmtheater?
konó eiga-kan dewa íma dónna eiga o yatte imas^u ká?

Wo kann man Karten für eine *Musikshow (Bunraku-Aufführung)* bekommen?
myūjikk^u-shō (búnraku) no k^{i}ppu wa dóko de utte imas^u ká?

Gibt es hier in der Nähe eine Vorverkaufskasse?
konó ch^{i}kaku ni *maéuri-jō (puréigaido)* wa arimas^u ká?

Ich würde mir gern ein *Kabuki-Drama (Nō-Spiel)* ansehen.
kabúki (nō) o mitai des^u.

Wann beginnt *die Vorstellung (das Konzert, der Film)*?
jōen (kónsāto, eiga) wa nán-ji ni hajimarimas^u ká?

Wir möchten gern einen japanischen Gangsterfilm sehen.
nihón no yákuza-eiga o mitái des^u.

Kann man für diese *Aufführung (Vorstellung)* noch Karten bekommen?
konó kai no jōen no k^{i}ppu wa mada arímas^u ká?

Gibt es noch Karten für *heute (morgen)* abend?
kónban (asú no ban) no k^{i}ppu wa máda arímas^u ká?

Können Sie uns Karten für *die Oper (ein Theaterstück westlichen Stils)* besorgen?
ópera (gaíkoku no sh^{i}bai) no k^{i}ppu o tehai sh^{i}te itadakemasen ká?

***Eine Theaterkasse ist hier *gleich um die Ecke (im Kaufhaus)*.**
k^{i}ppú no uriba wa *sugu saki no kádo (depāto no naka)* des^{u}.

***Für *diese Vorstellung (dieses Konzert)* sind alle Karten ausverkauft.**
kónkai no jōei (konó konsāto) no k^{i}ppu wa zénbu uríkiremash^{i}ta.

***Es gibt nur noch Stehplätze.**
tach^{i}-seki sh^{i}ka arímasen.

Bitte zwei Plätze ganz vorne.
ichíban máe no seki o ní-mai o-negai shimas^{u}.

***Welche Reihe?**
nán-rets^{u}-me des^{u} ká?

3. Reihe, bitte.
sán-rets^{u}-me o o-negai shimas^{u}.

Möglichst in der Mitte.
dekírudake chūō o o-negai shimas^{u}.

Bitte einen guten Platz im Parkett.
ikkai no íi seki o ichí-mai o-negai shimas^{u}.

Nicht so weit hinten.
amári ushíro de nai tokoro o o-negai shimas^{u}.

Haben Sie Spielpläne in englischer Sprache?
éigo no sh^{i}bai no yotéihyō wa arimas^{u} ká?

売り切れ	urikire	**Ausverkauft**
切符売場	kippu-uriba	**Kasse**
一等	ittō	**1. Rang**
二等	nitō	**2. Rang**
列	retsu	**Reihe**
前売り場	maeurijō	**Vorverkaufskasse**
プレイガイド	pureigaido	**Vorverkaufskasse**
映画館	eiga-kan	**Kino**

Film

Eintrittskarte	nyūjō-ken
Darsteller(in)	shutsuen-sha
– Hauptdarsteller(in)	shuen-*sha (-joyū f)*
Film	eiga, firumu
– in Originalfassung	gengo
– mit Untertiteln	jimaku-sūpā-tsuki
– synchronisiert	fukikae
– Dokumentarfilm	kiroku-eiga, dokyumentarī-firumu
– Gangsterfilm	gyangu-eiga
– japanischer Gangsterfilm	yakuza-eiga
– Musicalfilm	myūjikaru-eiga
– Musikfilm	ongaku-eiga
– Pornofilm	poruno-eiga, pinku-eiga
– Samuraifilm	jidai-geki
– Spielfilm	geki-eiga
Filmstar	eiga-sutā
Filmvorführung	jōei
Kino	eiga-kan
Komödie	kigeki, komedī
Platzanweiser(in)	an'nai-gakari
Programmheft	puroguramu
Regisseur	kantoku
Rolle	yaku
– Hauptrolle	shuyaku
Schauspieler(in)	haiyū, yakusha, dan'yū *(m)*, joyū *(f)*
Star	sutā
Uraufführung	fūkiri *(Film)*, shoen *(Theater)*

Theater

(siehe auch Film)

Akt	maku
Aufführung	jōen
auftreten	tōjō suru
Auftritt	tōjō
Beginn	kaien

Beifall	hakushu
Blumenpfad	hanamichi
Bühne	butai
Bühnenbild	butai-sōchi
Drama	geki, dorama
Ende	shūen, owari
Festspiel	kinen-kōen
Foyer	robī
Garderobe	kurōku
Inszenierung	enshutsu
Kabuki-Schauspieler	kabuki-yakusha
– für Frauenrolle	on'nagata, oyama
Kostüm	ishō, kosuchūmu
Maske	keshō
No-Theater	nō
– No-Musik	nōgaku
– kurze Komödie	kyōgen
Pause	kyūkei
Schauspiel	shibai, geki
Spielplan, Programmheft	puroguramu
Theater	gekijō
Theaterstück	gikyoku, kyakuhon
Zuschauer	kankyaku
Zuschauerraum	kankyaku-seki

Musik

(siehe auch Film und Theater)

Arie	aria
Chor	gasshō, kōrasu
Darbietung	ensō-kai, risaitaru
Dirigent	shiki-sha, kondakutā
Ensemble	ansanburu
Festival	fesutibaru, geijutsu-sai
Gesang	uta, kakyoku
Jazz	jazu
Jazzkonzert	jazu-konsāto
Kammermusik	shitsunai-gaku
Kapelle	bando, gakudan

Konzert	konsāto
Konzerthalle, Konzertsaal	konsāto-hōru
Lied	uta
Musical	myūjikaru
Musik	ongaku
– **japanische Musik**	hōgaku
– **modern**	modan
– **alte jap. Hofmusik**	gagaku
Musikinstrument	gakki
Musikstück	kyoku, gakkyoku *(klassisch)*
Oper	opera
Operette	operetta
Orchester	ōkesutora
– **Sinfonieorchester**	shinfonī-ōkesutora
Pianist(in)	pianisuto
Rockmusik	rokku
Rockkonzert	rokku-konsāto
Sängerin	kashu
Schlagersänger(in)	hitto-kashu
Solist(in)	sorisuto
Violinist(in)	baiorinisuto
Volkslied	min'yō

Sonstiges

Ballett	barē
japanische Posse	rakugo *(Solo)*, manzai
Pantomime	pantomaimu
Puppenspiel, Puppentheater	ningyō-geki
Puppenspieler	ningyō-tsukai
Revue	rebyū
Show	shō
Tanz	dansu, odori, buyō
– **altjapanischer Tanz**	nihon-buyō
Tänzer(in)	dansā, odori-te, butō-ka

SPORT UND FREIZEIT

Sportliche Aktivitäten

Wo können wir *Tennis (Golf, Tischtennis, Bowling)* spielen?
ténis^{u} (górufu, pínpon, bōringu) wa doko de dekimas^{u} ká?

Gibt es in der Nähe einen *Tennisplatz (Golfplatz)*?
konó ch^{i}kaku ni *tenís^{u}-kōto (gorufu-jō)* wa arimas^{u} ká?

Gibt es in der Nähe *einen Platz mit Tischtennisplatten (eine Bowling-anlage)*?
konó ch^{i}kaku ni *takkyū-jo (bōringu-jō)* wa arimas^{u} ká?

Wir würden gerne eine *Bergwanderung (Radtour)* machen.
yamá-aruki (sáikuringu) ga sh^{i}tai des^{u}.

Ich würde gern *Federball (Minigolf)* spielen.
badominton (mini-gorufu) o sh^{i}tai des^{u}.

Werden hier *Tenniskurse (Tauchkurse)* für Anfänger veranstaltet?
kokó de shoshínsha-muki no *tenis^{u} (sensui)* no kōshū ga arímas^{u} ká?

Was kostet eine Reitstunde?
jōba wa ichí-jikan o-íkura des^{u} ká?

Wo kann man *sich anmelden (... reservieren)*?
mōshikomi (... no yoyáku) wa dóko de s^{u}reba ii des^{u} ká?

Kann man hier die Ausrüstung für ... ausleihen?
kokó de ... no dōgu o kariraremas^{u} ká?

Ich spiele ...
watáshi wa ... o shimas^{u}.

Ich begeistere mich für ...
watáshi wa ... ni muchū des^{u}.

Sportveranstaltungen

Welche Sportveranstaltung findet hier (heute) statt?
kokó de (kyō) dónna s^{u}pōts^{u} o yatte imas^{u} ká?

Wann/Wo findet *das Baseballspiel (das Turnier, der Kampf)* statt?
yakyū (tōnamento, shiái) wa íts^{u}/dóko de okónawaremas^{u} ká?

Ich würde mir gerne *das Spiel (das Rennen, den Kampf)* ansehen.
konó *kyōgi (kyōsō, shiai)* ga zéhi mitái des^{u}.

Können Sie uns Karten für ... besorgen?
... no k^{i}ppu o téhai sh^{i}te kuremasen ká?

Gibt es noch Karten für ...?
... no k^{i}ppu wa máda arimas^{u} ká?

Wo ist das Kōshien-Baseballstadion?
kōshien-kyūjō wa dóko des^{u} ká?

Wie komme ich *zum Stadion (zur Rennstrecke, zur Schwimmhalle)*?
s^{u}tájiamu (rēshingu-kōs^{u}, suíei-jō) wa dóko des^{u} ká?

Wer spielt heute?
kyō wa dáre ga purē shimas^{u} ká?

Heute spielt *(A)* gegen *(B)*.
kyō wa *(A)* tai *(B)* des^{u}.

Für welche Sportart interessieren Sie sich?
dónna s^{u}pōts^{u} ni kyōmi ga arimas^{u} ká?

Wird *das Spiel (der Kampf)* im Fernsehen übertragen?
konó *kyōgi (shiai)* wa térebi de chūkei saremas^{u} ká?

Angel	tsurizao
Angeln	tsuri
angeln	tsuri o suru
– Haken	hari
– Köder	e, esa
Bergsteigen	tozan
Bergsteiger	tozanka
– Steilwandklettern	rokku-kuraimingu
Bootsrennen	bōto, kyōtei
– Rennboot	rēsu-yō-bōto
Bowling	bōringu
Bowlingbahn	bōringu-rēn

boxen	bokushingu o suru
Boxer	bokusā
Boxkampf	bokushingu
Eiskunstlauf	figyuā-sukēto
Eislauf	aisu-sukēto
– **Eisbahn**	sukēto-rinku
– **Schlittschuhe**	sukēto
Fechten	fenshingu
Fußball(spiel)	sakkā
– **Fußball spielen**	sakkā o suru
– **Abseits**	ofusaido
– **Eckball**	kōnā-kikku
– **Einwurf**	surō-in
– **Elfmeter**	penarutī-kikku
– **Freistoß**	furī-kikku
– **Tor**	gōru
Geräteturnen	kikai-taisō
– **Barren**	heikōbō
– **Reck**	tetsubō
– **Ringe**	tsuriwa
– **Schwebebalken**	heikindai
Handball	hando-bōru
Jagd	kari, hantingu
Jogging	jogingu
Korbball	basuketto-bōru
Leichtathletik	rikujō-kyōgi
– **Diskuswerfen**	enban-nage
– **Kugelstoßen**	hōgan-nage
– **Kurzstreckenlauf**	tankyori
– **Langstreckenlauf**	chōkyori
– **Springen**	chōyaku
– **Speerwerfen**	yari-nage
Mannschaft	tīmu, senshudan
– **Spieler**	senshu, pureiyā
– **Stürmer**	fōwādo, zen'ei
– **Torwart**	gōru-kīpā
– **Trainer**	toreinā, kōchi
– **Verteidiger**	shubi, difensu
Motorsport	mōtā-supōtsu, jidōsha-kyōgi
– **Rennfahrer**	rēsā
– **Rennwagen**	rēshingu-kā

Radsport	jitensha-kyōgi
– **radfahren**	jitensha ni noru
– **Radsportler**	*jitensha-* (Profi: *keirin-*)senshu
– **Radrennen**	jitensha-kyōgi; keirin
Reiten	jōba
– **Galopprennen**	keiba
– **Pferd**	uma
– **reiten**	jōba o suru, uma ni noru
– **Reiter**	kishu
– **Springen**	janpu-kyōgi
– **Totalisator**	kakekin-*keisanki (-hyōjiki)*
– **Trabrennen**	sokuho-kyōba
– **Wettschein**	baken
Ringen	resuringu
– **Matte**	matto
Rodeln	ryūju
– **Schlitten**	sori
Rudern	bōto
– **Ruderer**	sōshu, kogite
– **Ruderregatta**	bōto-rēsu, regatta
– **Steuermann**	kokkusu, dashu
Schiedsrichter	shinpan, referī, anpaiya
Schießsport	shageki(-supōtsu)
– **Scheibe**	hyōteki, pakku
– **Schießstand**	shageki-jō
Skilauf	sukī-kyōgi
– **Ski**	sukī
– **Ski laufen**	sukī o suru
– **Bindung**	shimegu, bindungu
– **Skigebiet**	sukī-jō
– **Skiläufer**	sukīyā
– **Skilehrer**	sukī-kyōshi, sukī no sensei
– **Skilift**	rifuto
– **Skiwachs**	wakkusu
Schwimmen	suiei
– **Schwimmer**	suiei-senshu, (yū-)eisha
– **Sprungbrett**	tobikomidai
Segeln, Segelboot	yotto
– **Segel**	ho
– **segeln**	yotto *ni noru (de kōkō suru)*
– **Segelregatta**	yotto-rēsu

Sport	supōtsu
– Sport treiben	supōtsu o suru
Sportler(in)	supōtsu-man
Sportverein	supōtsu-kurabu
Squash	sukasshu
– Squashanlage	sukasshu no kōto
Tauchsport	sensui
Tennis	tenisu
– Einzel/Doppel	shingurusu/daburusu
– Netz/Schläger	netto/raketto
– Tennislehrer	tenisu-kyōshi, tenisu no sensei
Turnen	taisō
– Turner	taisō-senshu
Volleyball	barēbōru
Wandern	haikingu, wandā-fōgeru
– Wanderweg	haikingu-kōsu
Wasserski	suijō-sukī
Wettkampf	shiai, kyōgi
– Ergebnis	kekka
– Halbzeit	hāfu-taimu
– Meisterschaft	senshuken, chanpionshippu
– Niederlage	make, haiboku
– Punkt	ten, tokuten
– Sieg	kachi, shōri
– Start	sutāto
– Tor(schuß)	gōru-*kikku (-shūto)*
– Training	toreiningu
– Unentschieden	hikiwake
Windsurfing	uindo-sāfin
– Surfbrett	sāfu-bōdo
– Surfer	sāfā

Traditionelle Sportarten

Ich würde mir gerne den Sumo-Hauptwettbewerb in der Kuramae Kokugikan ansehen.
kurámae-kokúgikan de ōzumō o mitai des^u^.

Gibt es eine Möglichkeit, den *Judosportlern (Kendokämpfern)* beim Training zuzuschauen?
jūdō (kendō) no renshū o miraremas^u^ ká?

Aikido	aikidō
Bogenschießen zu Pferde	yabusame
Judo	jūdō
– Judokampf	jūdō no shiai
– Judomeister	kuroobi, yūdan-sha
– Gürtel	obi
Kampfsport	budō
– Übungshalle	dōjō
Karate	karate
Kendo	kendō
– Bambusschwert	shinai
– Fechthandschuhe	kote
– Kendomaske	men
– Leibschutz	dōgi, dōi
Kunst des Langschwertziehens	iainuki
– Schwert	katana
Sumo-Ringkampf	sumō
– Begrüßungszeremonie	dohyōiri
– Bogentanz	yumitori-shiki
– Fächer	gunbai
– Klasse, Liga	maku
– Lendenschurz	koshimino
– Rangliste	banzuke
– Ring	dohyō
– Ringer	sumō-tori, sekitori
– Ringrichter	gyōji
– Schiedsrichterberatung	kensayaku
– Tagesprogramm der Kämpfe	torikumi-hyō
– Tournee	jungyō

Sumo-Rang

1. Riege	makuuchi		yokozuma	***(Meister)***
		san'yaku	ōzeki	***(2. Rang)***
			sekiwake	***(3. Rang)***
			komusubi	***(4. Rang)***
			maegashira	***(5. Rang)***
2. Riege	jūryō		jūryō	
unter 2. Riege	makushita	dan	san-dan-me	
			jonidan	
			jonokuchi	

Baden

***Darf (Kann)* man hier baden?**
kokó de oyoide mo íi des^u ká?

***Hier ist Baden verboten.**
kokó de oyoide wa ikémasen.

Wie weit ist es zum Strand?
káigan made dóno gurai des^u ká?

Wie tief ist es hier?
kokó wa dono gurai f^ukai des^u ká?

Gibt es hier *gefährliche Strömungen (tiefe Stellen)*?
kokó ni wa *kikén na chōryū (f^ukámi)* ga arimas^u ká?

Ist es für Kinder gefährlich?
kokó wa kodómo ni wa abúnai des^u ká?

Wo finde ich den Bademeister?
kánri'nin wa dóko des^u ká?

Bitte zwei Eintrittskarten.
nyūjō-ken o ní-mai o-negai shimas^u.

Ich möchte ... mieten.
... o karitai des^u.

Bitte *eine Liege (einen Sonnenschirm)*.
dekki-chea (parasoru) o o-negai shimas^u.

Was kostet ...?
... wa o-íkura des^u ká?

Wie warm ist das Wasser *im Hallenbad (in diesem Swimmingpool)*?
okunai-pūru (konó pūru) no suion wa dóno gurai des^u ká?

Können Sie bitte ein paar Minuten auf meine Sachen aufpassen?
ni-, sán-pun watáshi no nimotsu o míte ite kudasai.

baden .... oyogu, kaisuiyoku o suru
Boot .... bōto, fune
– Motorboot .... mōtā-bōto
– Schlauchboot .... gomu-bōto
Bucht .... wan, irie
Freibad .... okugai-pūru
Luftmatratze .... eā-matto
Lufttemperatur .... kion
Nichtschwimmer .... kanazuchi
öffentliches Bad .... kōei-pūru
Rettungsring .... kyūmei-ukiwa
Sand .... suna
Schnorchel .... sunōkeru, shunōkeru
schwimmen .... oyogu
Sonnenbad .... nikkōyoku

Strand	hama, kaigan
– Sandstrand	sunahama
Strandwanderung	hama-aruki
Sturmwarnung	bōfū-keihō
Taucherausrüstung	sensui-sōbi
Thermalbad	onsen-pūru
Ufer	kishi, kaigan
Umkleidekabine	kigae-shitsu, kōi-shitsu
Wassertemperatur	suion

Zeitvertreib

Gibt es hier eine *Diskothek (Spielhalle)*?
koko ni *dís^{u}ko (gēmu-sentā)* wa arimas^{u} ká?

Ich würde gerne einen Nachtklub (mit Striptease) besuchen.
(s^{u}torippu mo miseru) náito-kurabu e ikitai des^{u}.

Wollen wir in eine Spielhalle gehen?
gēmu-sentā e ikimasen ká?

Ich möchte /Wir möchten einen Bummel durch das Vergnügungsviertel machen.
sakáriba (kánrakugai) *) o burats^{u}kitai des^{u}.

***Wünschen Sie die Begleitung einer Hosteß?**
hós^{u}tes^{u} o ts^{u}kemashō ká?

Spielen Sie *Schach (Billard, Karten)*?
chés^{u} (biríyādo, toránpu) o yarimas^{u} ká?

Was wird *heute (heute abend)* im Fernsehen übertragen?
kyō (kónban) terebi de nani ga arimas^{u} ká?

Wollen wir eine Partie ... spielen?
... o h^{i}tó-shōbu yarímasen ká?

Spielen Sie ein Musikinstrument?
(anáta wa) gakki o h^{i}kimas^{u} ká?

Ich singe gern.
watáshi wa yoku utá o utaimas^{u}.

Ich spiele *Gitarre (Akkordeon, Klavier, Geige)*.
watáshi wa *gitā (akōdion, piáno, baiorin)* o h^{i}kimas^{u}.

---

*) *Beim Bummel durch* sakariba *(bzw.* kanrakugai*) ist Vorsicht geboten. Ausländische Touristen werden manchmal in sog. „Gewalt-Bars“* (bōryoku-bā) *geneppt.*

Billardraum	tamatsuki-jō
Fernsehen	terebi
– ***ein-/aus*schalten**	terebi o *tsukeru/kesu*
– **Fernsehfilm, -spiel**	terebi-dorama
– **Live-Übertragung**	jikkyō-chūkei, raibu-hōsō
– **Musiksendung**	ongaku-bangumi
– **Nachrichten/Programm**	nyūsu/bangumi
– **Quizsendung**	kuizu-bangumi
– **Sendung/Show**	hōsō/shō
(Gesellschafts-)Spiel	gēmu
Glücksspiel	tobaku, bakuchi
– **Spielkasino**	kajino, tobakujō
– **Gewinn/Verlust**	mōke, haitō/son, make
– **gewinnen/verlieren**	katsu, mōkeru/ makeru, son (o) suru
– **japan. Spielautomat**	pachinko
Kartenspiel	toranpu, karuta
– **Bridge/Poker**	burijji/pōkā
– **abheben/geben**	(kādo o) kiru/kubaru
– **mischen/Karte**	kiru, mazeru/kādo, fuda
– **As/Joker**	ēsu/baba, jōkā
– **Stich/Trumpf**	kachifuda/kirifuda
– **Herz/Karo/Kreuz/Pik**	hāto/daiya/kurabu/supēdo
– **Bube/Dame/König**	jakku/kuīn/kingu
– **passen: ich passe**	pasu o shimasu
Klub	kurabu
Mah-Jongg	mājan
– **Mah-Jongg-Spielhalle**	(mā-)jan-sō, mājan-ya
Mode(n)schau	fasshon-shō
Radio/Rundfunk	rajio/hōsō
– **Mittelwelle/UKW**	ei-emu/efu-emu
– **Kurzwelle/Stereo**	tanpa/sutereo
– **Diskjockey**	disuku-jokkī, dījei
Schach	chesu *(s. Seite 186)*
Schönheitswettbewerb	*byūtī- (bijin-)*kontesuto
Tanzabend	dansu-pātī
Unterhaltung	goraku, kandan, danshō
Volksfest	o-matsuri
– **Festumzug, Prozession**	gyōretsu, kōshin
Würfel	saikoro, daisu
– **würfeln**	saikoro o furu

Zirkus	sākasu
– Artist	kyokugei-shi
– Clown	dōke, kuraun
– Dressurnummer	kyokugei
– Manege	engi-jō, sutēji
– Zauberkunststück	tejina, majikku

Japanische Spiele

Spielen Sie *Go (Shogi)*?
anata wa *go o uchimas*[u] *(shōgi o sashimas*[u]*)* ká?

Können Sie mir *Go (Shogi)* beibringen?
go (shōgi) o oshiete kuremasen ká?

Go	go
– Feld/Go-Brett	me/go-ban
– vereinfachtes Go-Spiel	gomoku-narabe, renjū
Großmeistertitel	hon'inbō, meijin
– Grundstellung der Steine	fuseki
– Modellzugfiguren	jōseki
– hoher/niedriger Rang	dan/kyū
– schwarz/Schwarzspieler	kuro/shitate
– Spiel mit Vorgabe	okigo
– Territorium	ji
– verbotener Punkt	kinshi-ten
– Vorgabe	oki-ishi

Die Namen der Shogi-Figuren *(in Klammern die Namen der Schachfiguren):* fu (= *Bauer* pōn), gin *(etwa wie König* kingu, *darf jedoch nur schräg und vorwärts bewegt werden)*, hisha (= *Turm* shiro, tō), kaku (= *Läufer* bishoppu), keima (= *Springer* naito), kin *(etwa wie König, darf jedoch nicht schräg nach hinten bewegt werden)*, kyōsha *(etwa wie Turm, darf jedoch nur vorwärts bewegt werden). Dame im Schachspiel heißt* jōō, kuīn.

Sonstige traditionelle Spiele:
bōzu-mekuri – *einfaches Kartenspiel mit Hyakunin-Isshu-Karten;* hanafuda – *Blumenkarten;* hanetsuki – *Federballspiel;* hyaku-nin--isshu – *„Hundert Gedichte" (Kartenspiel);* koma – *Kreisel;* sugo-roku – *„Hindernisreise" (Würfelspiel);* takoage – *Drachensteigen.*

– weiß/Weißspieler	shiro/uwate
– Zug	te
Shogi *(japan. Schach)*	shōgi
– Figur	koma
– Großmeistertitel	meijin
– Shogi-Brett	shōgi-ban

Geselligkeit, Flirt

Darf ich mich zu Ihnen setzen?
anáta no sóba ni suwátte mo íi des[u] ká?

Sind Sie heute abend frei?
konban o-híma des[u] ká?

Wollen wir tanzen?
odórimasen ká?

Wollen wir etwas trinken?
issho ni náni ka nomimasen ká?

Was trinken wir?
náni o nomimas[u] ká?

Sie tanzen sehr gut.
(dáns[u] ga) o-jōzu des[u] né.

Tanzen wir noch einmal?
mō ichido odórimasen ká?

Haben Sie für heute abend schon etwas vor?
konban náni ka yotei ga o-ári des[u] ká?

***Gehen (Fahren)* wir ein bißchen spazieren?**
s[u]koshi *sanpo (doraibu)* shimasen ká?

Es ist ziemlich unruhig hier, nicht wahr?
kokó wa amári shizuka dewa arímasen né?

Hier können wir uns ungestört unterhalten.
kokó nara shizuka ni hanásemas[u].

Wir machen eine kleine Party. Wollen Sie mitkommen?
watásh[i]tachi wa chiisana pātī o shimas[u]. anáta mo issho ni kimasen ká?

Ich finde Sie sehr sympathisch.
anáta wa kánji no ii h[i]to des[u] né.

Sie gefallen mir sehr.
anáta ga s[u]ki des[u].

Wann können wir uns wiedersehen?
íts[u] mata o-ai dekimas[u] ká?

Wo treffen wir uns?
dóko de aimashō ká?

Ich würde Sie gern morgen wiedersehen.
ásh^{i}ta mata zehi o-ai sh^{i}tai des^{u}.

Kann ich Sie anrufen?
o-dénwa sh^{i}te mo íi des^{u} ká?

Wollen wir uns *hier (in der Halle, am Strand)* treffen?
kokó (hōru, káigan) de ochiaimashō ká?

Ich erwarte Sie um 6 Uhr *hier (in der Bar, vor der Disko).*
rokú-ji ni *kokó (bā, dis^{u}ko no mae)* de o-mach^{i} sh^{i}te imas^{u}.

Darf ich Sie *nach Hause (ein Stück)* begleiten?
o-táku (sonó hen) made o-okuri shimashō ká?

Es war ein sehr schöner Abend!
totémo s^{u}teki na yoru desh^{i}ta né!

Es war prima!
totémo s^{u}teki desh^{i}ta!

Einladung	shōtai
Flirt	tawamure
flirten	tawamureru
frech	atsukamashii, burei na
fröhlich	yukai na, tanoshii, yōki na
... gefallen	... ki ni iru
höflich	reigi tadashii, teinei na
Kuß	kisu
küssen	kisu o suru
Liebe	ai
lieben	aisuru
– ich liebe Sie/Dich	anata o aishite imasu
Musikautomat	jūku-bokkusu
Partner(in)	tsure, dōhan-sha
schüchtern	uchiki na, hazukashigari na
spazierengehen	sanpo o suru
spendieren	ogoru
Tanz	dansu, odori
tanzen	dansu o suru, odoru
Tanzmusik	dansu-ongaku
Treffpunkt	ochiau basho
Verabredung	machiawase, dēto

ANHANG

Hinweise und Warnungen

注意	chūi	**Achtung, Vorsicht**
危険	kiken	**Gefahr**
禁止	kinshi	**Verbot, verboten**
遊泳禁止	yūei-kinshi	**Baden verboten**
禁煙	kin'en	**Rauchen verboten**
閉店	heiten	**Geschlossen**
触れるべからず	furerubekarazu	**Nicht berühren**
生命に危険あり	seimei ni kiken ari	**Lebensgefahr**
死の危険	shi no kiken	**Lebensgefahr**
入場お断わり	nyūjō okotowari	**Kein Zutritt**
入場禁止	nyūjō-kinshi	**Kein Zutritt**
止まれ	tomare	**Halt**
予約済	yoyakuzumi	**Reserviert**
入口	iriguchi	**Eingang, Einfahrt**
出口	deguchi	**Ausgang, Ausfahrt**
非常口	hijōguchi	**Notausgang**
乗車口	jōshaguchi	**Einstieg**
降車口	kōshaguchi	**Ausstieg**
エレベーター	erebētā	**Fahrstuhl**
押す	osu	**Drücken, Stoßen**
引く	hiku	**Ziehen**
貸します	kashimasu	**Zu vermieten**
売ります	urimasu	**Zu verkaufen**
ベルを押して下さい	beru o oshite kudasai	**Bitte klingeln**

S. auch Hinweise auf den Seiten 44, 45, 51, 52, 62, 67, 78, 149 usw.

Maße und Gewichte

1 Millimeter	ichi-miri(mētā) ichi-miri(mētoru)	miri(mētā) miri(mētoru)
1 Zentimeter	issenchi(mētā)	senchi(mētā, -mētoru)
1 Meter	ichi-mētā	mētā, mētoru
1 Kilometer	ichi-kiro(mētā)	kiro(mētā, -mētoru)
200 Seemeilen	nihyakkairi	kairi
1 Quadratmeter	ichi-heihō-mētā	heihō-mētā, -mētoru
1 Quadratkilometer	ichi-heihō-kiro (-mētā)	heihō-kiro(mētā, -mētoru)
1 Kubikmeter	ichi-rippō(mētā)	rippō-mētā, -mētoru
1 Liter	ichi-rittā, ichi-rittoru	rittā, rittoru
500 ml, $^1/_2$ Liter	gohyaku-miri-rittā, han-rittā	miri-rittā, -rittōru
250 ml, $^1/_4$ Liter	nihyaku-gojū-miri-rittā, yon-bun-no-ichi-rittā	
1 Gramm	ichi-guramu	guramu
1 Kilo(gramm)	ichi-kiro(guramu)	kiro(guramu)
500 Gramm, $^1/_2$ kg, 1 Pfund	gohyaku-guramu	
50 kg, 1 Zentner	gojukkiroguramu	
100 kg, Doppelzentner	hyakkiroguramu	
1 Tonne	itton	ton
1 Stück	ikko, hitotsu	...-ko, ...-tsu
1 Dutzend	ichi-dāsu	dāsu
Portion (Essen)	hitotsu, ichi-nin-mae, hitori-bun	...-tsu, ...-nin-mae, ...-bun
1 Packung	h^{i}to-hako	...-hako
1 Flasche	h^{i}to-bin	...-bin
1 Büchse	h^{i}to-kan	...-kan

Daneben sind noch alte Maßeinheiten gebräuchlich:

gō	**Küchenmaß**	**1,8 cm^3**
shō	**Küchenmaß (10 gō)**	**1,8 Liter**
jō	**Flächenmaßeinheit (1 Tatami)**	**1,65 qm**
tsubo	**Flächenmaßeinheit (2 Tatami)**	**3,3 qm**
kin	**Laib Brot**	**0,6 kg**

Farben

beige	bēju
blau	ao, burū
– dunkel-/hell-	kon, dāku-burū/mizu-iro, raito-burū
blond	burondo, kinpatsu *(nur für Haar)*
braun	cha(-iro)
– kastanienbraun	kuri-iro
gelb	ki(-iro)
golden	kin(-iro)
grau	hai-iro, nezumi-iro, gurē
– aschgrau	hai-iro
– dunkel-/hell-	dāku-gurē/raito-gurē
grün	midori(-iro), gurīn
– dunkel-/hell-	dāku-gurīn/kimidori(-iro), raito-gurīn
lila	usu-murasaki(-iro), fuji-iro
orangenfarben	daidai-iro, orenji-iro
rosa	momo-iro, pinku
rot	aka
– dunkel-/hell-	shinku/sāmon-pinku, tankōshoku
schwarz	kuro
silbern	gin(-iro)
violett	murasaki-iro, sumire-iro
weiß	shiro
bunt	iro-toridori (no), iro no tsuita, iro-azayakana
einfarbig	tanshoku (no)
Farbe	iro, shikisai
farbig	iro no tsuita, iro-toridori (no)
farblos	iro no nai, tanchōna

DAS WICHTIGSTE AUS DER GRAMMATIK

Das Substantiv

Das japanische Substantiv kennt keinen Artikel, weder einen bestimmten, noch einen unbestimmten, kein Geschlecht und keinen grammatischen Plural (nur Personen können, soweit erforderlich, das Pluralsuffix **-tachi** erhalten). Die Deklination wird durch unselbständige, nachgestellte Partikel (Postpositionen) ausgedrückt, die dem Deutschen nur ungefähr entsprechen.

Nominativ	**hana wa/ga**	(die) Blume(n)
Genitiv	**hana no**	der Blume(n)
Dativ	**hana ni**	der (den) Blume(n)
Akkusativ	**hana o/wa**	die Blume(n)

Für den **Nominativ** steht meist die Partikel **wa:**

Katō-san wa nippon-jin des^{u}. – *Herr Kato ist Japaner.*
Fuji-san wa kirei des^{u}. – *Der Berg Fuji ist schön.*

Damit wird eine allgemeine Aussage über einen Zustand oder eine Eigenschaft getroffen.

Will man dagegen eine neue Erscheinung oder ein Ereignis unter Betonung des Verursachers bzw. des Verursachten bezeichnen, wird die Partikel **ga** gebraucht: **o-kyak^{u}-san ga kimash^{i}ta** – *ein Gast/Gäste ist/sind gekommen.* Für das allgemeine Sprachverständnis kann daher die Faustregel gelten (aber nur als solche!):

... wa bestimmter Artikel im Nominativ (manchmal auch Akkusativ, besonders bei Verneinungen),

... ga unbestimmter Artikel im Nominativ.

Für den **Genitiv**, der im japanischen auch ein Besitzverhältnis ausdrücken kann, steht die Partikel **no:**

Hana no iro wa akai des^{u}. – *Die Farbe der Blume ist rot.*

Das Bezugswort (Blume) steht an erster Stelle.

Für den **Dativ** steht die Partikel **ni: Remu-san ni hon o agete kudasai.** – *Bitte geben Sie Herrn Lemm dieses Buch.*

Den **Akkusativ** bildet die Partikel **o.**

Das Pronomen

Pronomen als eigenständige Wortgruppe gibt es im Japanischen nicht, sie werden vielmehr als Substantive verstanden und entsprechend dekliniert. Aus der durch gesellschaftliche und individuelle Höflichkeitsschattierungen im Japanischen bedingten großen Zahl von **Personalpronomen** kann man sich auf die folgenden, für die höfliche Konversation gebräuchlichsten, beschränken:

	Singular		*Plural*
watashi	ich	**watashitachi**	wir
anata	du, Sie	**anatatachi**	ihr, Sie
kare	er	**karera**	sie (*m*, *f*)
kanojo	sie	**kanojotachi**	sie (*nur f*)

Die **dritte Person** beider Geschlechter wird im Singular häufig auch durch die höflichere, da indirekte, Umschreibung **kono kata** oder **ano kata** *(diese, jene Person)* bezeichnet. Für den Plural gilt diese Umschreibung unter Zusatz von **-tachi**/**-gata.** Die Deklination der Pronomen ist die der übrigen Substantive: **watashi ni** *mir*, **anata ni** *dir (Ihnen)* usw. Im Nominativ bzw. als Subjekt stehen die Personalpronomen kaum, sondern dienen nur zur Klärung des Sinnzusammenhanges.

Fragepronomen

dare, *höflich:* **donáta**	wer?
dore *(substantivisch)* **dono** *(adjektivisch)*	welcher, welches von mehreren?
dotchi, *höflich:* **dóchira**	welcher (welches) von beiden, *auch:* wo?
nan(i)	was?
donna	was für ein?
doko	wo?
naze	warum?

Demonstrativpronomen und -adverbien

Zu unterscheiden ist immer in der Reihenfolge: beim Sprecher, hier – beim Angeredeten, da – beim Dritten, dort.

substantivisch:	**kore – sore – are**	(dieser – jener)
adjektivisch:	**kono – sono – ano**	(dieser – jener)
modal:	**konna – sonna – anna**	(so ein)
modal:	**kō – sō – ā**	(in dieser Weise)
modal:	**koko - soko – asoko**	(hier – da – dort)

Das Adjektiv

Das Adjektiv hat als Attribut wie als Prädikat entweder die Endung **-i** (rein japanisches Adjektiv), oder es ist mit einem Substantiv identisch (zusammengesetzte Adjektive aus dem Chinesischen oder solche europäischen Ursprungs sowie eine Reihe japanischer Adjektive). In letzterem Falle wird das **Attribut** mit der Adjektiv-Partikel **na** oder der Genitiv-Partikel **no** gebildet. Die Adjektive stehen als Attribut stets **vor** dem Substantiv:

a) **takai yama**	der/ein hohe(r) Berg *(auch Pl.)* *(rein jap. Adjektiv)*
b) **kirei na yama**	der/ein schöne(r) Berg *(auch Pl.)* *(subst. Adjektiv)*

Das **Prädikat** wird nachgestellt:

kono yama wa takai des^u	dieser Berg ist hoch *rein jap. Adj.*
kono yama wa kirei des^u	dieser Berg ist schön *subst. Adj.*

Für die **Steigerung** (Komparativ und Superlativ) gelten zusammengesetzte Formen:

watashi wa Katō-san ***yori wakai*** **des^u**. *Ich bin* ***jünger als*** *Frau Kato.*

Eine Steigerung **ohne** Vergleich wird ebenfalls umschrieben:

doitsu no hō ga suzushii des^u. *In Deutschland ist es kühler.*

Der **Superlativ** wird mit **íchiban** *der, das erste, meiste* + Adjektiv gebildet:

íchiban ōkii *am größten.*

Aus der ersten Gruppe der Adjektive gebildete **Adverbien** erhalten statt **-i** die Endung **-ku**, die der zweiten Gruppe statt **na** bzw. **no** die Partikel **ni:**

shízuka ni (Adj. shízuka na) *ruhig*

Die Steigerung ist die gleiche wie bei den Adjektiven.

Die Partikel

Diese Wortgruppe stellt die wichtigsten grammatischen Beziehungsmittel des Japanischen zur Bildung der Fälle beim Substantiv, für Adverbien, für die Angabe des Ortes, der Richtung, der Art und Weise u. a.

1) **zur Bezeichnung des Falles: wa, ga, no, ni, o**

kore wa haha no kasa des[u]. *Das hier* (kore) *ist der Schirm* (kasa) *der (= meiner) Mutter* (haha).

anata ní hana o agemas[u]. *Ich gebe dir* (anata) *die Blumen* (hana).

kudamono o kudasai. *(Geben Sie mir) Obst* (kudamono), *bitte!*

2) **des Orts, der Art und Weise, Zeitangabe usw.:**

de: kore wa depāto de kaimash[i]**ta.** *Ich habe das im Kaufhaus* (depāto **de**) *gekauft.*

Shinkansen de ikimas[u]. *Ich fahre mit dem Shinkansen* (Shinkansen **de**).

kore wa ichi-nichi de owarimas[u]. *Dies wird in einem Tag* (ichi-nichi **de**) *fertig sein.*

ni: Die Dativpartikel wird ebenfalls zur Angabe eines Orts verwendet, doch beschränkt sie sich auf Verben wie **iru, aru** *(sein, geben* als Prädikat für Lebewesen bzw. Sachen) oder **sumu** *wohnen:*

Tōkyō ni imas[u]. *Ich bin in Tokio* (Tokyo **ni**).

ash[i]**ta hachi-ji ni kimas**[u]. *Ich komme morgen um 8 Uhr* (hachi-ji **ni**).

gakkō ni ikimas[u]. *Ich gehe zur Schule* (gakko **ni**).

to: tomodachi to ikimash[i]**ta.** *Ich bin mit meinem Freund* (tomodachi **to**) *gefahren.*

3) **Richtungsangabe, Anfangs- und Endbezeichnung:**

ni: siehe oben.

Nihon **kara** Doits^{u} **e** ikimas^{u}. – *Ich fahre* ***von*** *Japan* ***nach (bis)*** *Deutschland. (räumlich).*

kyō **kara** asatte **made** imas^{u}. – *Ich bin* ***von*** *heute* ***bis*** *übermorgen da. (zeitlich).*

Amerika **e** ikimas^{u} – *(Ich) gehe (fahre) nach Amerika. u. a.*

Das Verb

Japanische Verben haben keine Konjugation, wohl aber gibt es drei Zeitformen: Gegenwart, Vergangenheit und Zukunft (auch Form der Unbestimmtheit). Zeit und Modus werden durch Veränderung der letzten Stammsilbe oder durch Hilfspartikel ausgedrückt. Als Prädikat stehen Verben immer am Satzende. Vor einem Substantiv stehend haben sie adjektivische Funktion oder bilden das Prädikat eines auf das Substantiv bezogenen Nebensatzes. Nach dem Auslaut des Stammes unterscheidet man zwei Klassen von Verben:

1) Vokalische Gruppe:

tabéru *essen*, **miru** *sehen* (Endungssilbe **-ru**)

Grundform: tabe-**ru**, mi-**ru**
Negation: tabe-**nai**, mi-**nai**
Vergangenheit: tabe-**ta**, mi-**ta** *(gegessen, aß, gesehen, sah)*
Negation: tabe-**nakatta**, mi-**nakatta**
Futur: tabe-**yō**, mi-**yō**
Verbindungsform: tabe-**te**, mi-**te** *(essend, sehend)*

2) Konsonantische Gruppe:

-**kaku** *schreiben*, **yomu** *lesen*

Grundform: ka-**ku**, yo-**mu**
Negation: ka-**kanai**, yo-**manai**
Vergangenheit: kai-**ta**, yon-**da**
Negation: kaka-**nakatta**, yoma-**nakatta**
Futur: ka-**kō**, yo-**mō**

Da die Verben der zweiten Klasse in einigen Formen Veränderungen (Verschleifungen) unterliegen, wurde eine Tabelle der positiven Verbformen beigefügt (s. S. 198/199).

-mas^{u}: Die Verb-Endung **-mas^{u}** wird in der ersten Klasse der Verben an den vokalischen Stamm, in der zweiten Klasse an den auf **-i** auslautenden konsonantischen Stamm gehängt: tabe-**mas^{u}**, kaki-**mas^{u}**. Das Verb, besonders das Prädikat, klingt mit **-mas^{u}** höflicher. Auch **-mas^{u}** hat verbale Endungen: **-mash^{i}ta** (Vergangenheit), **-mashō** (Zukunft, Vermutung). Die verneinte Vergangenheit wird umschrieben: **-masen desh^{i}ta.**

Das Hilfsverb des^{u} *sein* hat die gleiche Höflichkeitsstufe wie die Verben auf **-mas^{u}**. Gebräuchlich ist daneben die Form **desh^{i}ta** für die Vergangenheit (verneinte Vergangenheit: **dewa arimasen desh^{i}ta**) und das Futur **deshō** (auch Vermutung).

Das Passiv wird bei den vokalischen Verben durch Verbstamm + **rareru,** bei den konsonantischen Verben durch Verbstamm auf **a** + **reru** gebildet: tabe-**rareru**, yoma-**reru.**

Der Potential (Möglichkeitsform, „kann") entspricht in der vokalischen Verbklasse dem Passiv, in der konsonantischen Verbklasse wird er aus dem Verbstamm auf **e** + **ru** bzw. **e** + **masu** gebildet: ka-**ke-ru**, ka-**ke-mas^{u}** *kann schreiben.* Die gleiche Konstruktion + **reba** ergibt den **Konditional** (Bedingungsform).

Bei einer **Frage** muß nach dem Prädikat die Partikel **ka** stehen: **tabemas^{u}** *ich esse* – **tabemas^{u} ka?** *essen Sie?* Wird eine Bestätigung gewünscht, steht **ne: tabemas^{u} ne?** *Sie essen, nicht wahr?*

Der Imperativ: Unter den verschiedenen Möglichkeiten, den Imperativ zu bilden, ist folgende Wendung als höflicher Wunsch die gebräuchlichste: Verbstamm + **te** bzw. **de**, z.B.

tabe**te**-kudasai!	*bitte iß/eßt/essen Sie!*
non**de**-kudasai!	*bitte trink/trinkt/trinken Sie!*

bitte kommen Sie! heißt: irasshai!

Entsprechend der verneinte Imperativ:

tabenaide-kudasai!	*Bitte nicht essen!*

Die wichtigsten Verbformen

Wörterbuch-form	Stamm-form	Negation	Verbin-dungsform
aru *sein*	ari	nai	atte
hanasu *sprechen*	hanashi	hanasanai	hanash^{i}te
iku *gehen*	iki	ikanai	itte
iu *sagen*	ii	iwanai	itte
kaku *schreiben*	kaki	kakanai	kaite
kau *kaufen*	kai	kawanai	katte
kuru *kommen*	ki	konai	kite
-mas^{u} *(höfl. Hilfswort)*	-mashi	-masen	-mash^{i}te
miru *sehen*	mi	minai	mite
motsu *haben, halten*	mochi	motanai	motte
-nái *Hilfswort (Neg.)*	—	—	-nak^{u}te
suru *tun*	shi	shinai	sh^{i}te
tabéru *essen*	tabe	tabenai	tabete
toru *nehmen*	tori	toranai	totte
yobu *rufen*	yobi	yobanai	yonde

Konditional Präsens	Vergangen-heit	Konditional Vergangenheit	Futur I Vorhaben	Futur II Vermutung
areba	atta	attara	aró	attaró
hanaseba	hanash^{i}ta	hanash^{i}tara	hanasó	hanash^{i}taro
ikeba	itta	ittara	ikó	ittaró
ieba	itta	ittara	ió	ittaró
kakeba	kaita	kaitara	kakó	kaitaró
kaeba	katta	kattara	kaó	kattaró
kureba	kita	kitara	koyó	kitaró
(-masureba)	-mash^{i}ta	(-mash^{i}tara)	-mashó	-mash^{i}taró
mireba	mita	mitara	miyó	mitaró
moteba	motta	mottara	motó	mottaró
-nakereba	-nakatta	-nakattara	-nakaró	-nakattaró
sureba	sh^{i}ta	sh^{i}tara	shiyó	sh^{i}taró
tabereba	tabeta	tabetara	tabeyó	tabetaró
toreba	totta	tottara	toró	tottaró
yobeba	yonda	yondara	yobó	yondaró

WÖRTERVERZEICHNIS DEUTSCH – JAPANISCH FÜR TOURISTEN

Das nachstehende Wörterverzeichnis können Sie als deutsch-japanisches Reisewörterbuch benutzen. Die Zahl hinter der Übersetzung gibt die Seitenzahl an, auf der das betreffende Wort im Sprachführer zu finden ist. Dadurch dient das Wörterverzeichnis auch als Sachregister. Das Fehlen der Seitenzahl hinter der Übersetzung bedeutet, daß das Wort im Text des Sprachführers nicht vorkommt.

Die Tilde (~) ersetzt das vorangehende Stichwort.

Verwendete Abkürzungen:

adj.	Adjektiv (Eigenschaftswort)	*pl.*	Plural (Mehrzahl)
adv.	Adverb (Umstandswort)	*s.*	siehe
Esb.	Eisenbahn	*sg.*	Singular (Einzahl)
Med.	Medizin	*techn.*	technisch
Pers.	Person	*usw.*	und so weiter

A

Aal unagi 101; *(vom Rost)* unagi no kabayaki 100
Abakus soroban 140
abbiegen magaru 63
Abblendlicht passhingu-raito 72
abbrechen oreru 169
Abdruck *(Zahn)* hagata 170
Abend yoru 188, ban, yūgata; **gegen ~** yūgata goro 29; **gestern ~** yūbe 29; **guten ~** konban wa 12; **heute ~** konban
Abendessen yūshoku 82, 84
Abendmahl bansan 119
abends yūgata 29, yoru 84
abfahren shuppatsu suru, hassha suru 53
Abfahrt shuppatsu 45
Abfall gomi 91
Abfallbehälter gomibako, kuzuire 86
Abflug ririku 43
Abflughalle shuppatsu-bin no machiaishitsu 42
Abführmittel gezai 156
abheben *(Geld)* hikidasu 148; *(Kartenspiel)* (kādoo) kiru 185
abholen *(Sache)* tori ni kuru 71; *(Person)* yobi ni yaru, yonde kuru 71
abkommen tobidasu 69
ablaufen kireru 38

C

E

Economy-Klasse ekonomī-kurasu 42, 55
Edelkastanien kuri 105
Ehefrau *(eigene ~)* tsuma, kanai 33; *(~ e-s anderen)* okusan, okusama 33
Ehemann *(eigener ~)* otto, shujin 33; *(~ e-r anderen)* go-shujin 33
Ei tamago 94; *(hartgekochtes ~)* katayude-tamago 94; *(weichgekochtes ~)* hanjuku-tamago 94
Eiersuppe tamago no o-suimono 99
eigenartig hen na 71
Eilbrief sokutatsu 143
Eilpost sokutatsu 146
Eilsendung sokutatsu 142
Eilzug (futsū-)kyūkō 46
Eimer baketsu 87
ein/eine(r) *(Sache)* ichi, hitotsu, ikko 26; *(Person)* hitori 26
Einbahnstraße ippō-tsūkō 62, 64; ippō-tsūkō-dōro
einfach yasashii 22; *(Fahrkarte)* katamichi (no)
Einfahrt iriguchi 64, 189
einfarbig tanshoku no 133, 191; isshoku no 133
Einfuhrzoll yunyūzei 40
Eingang iriguchi 87, 189
Eingelegtes o-tsukemono 103
Eingesalzenes shiozuke 103
Einkaufszentrum shoppingu-sentā 111
Einladung shōtai 15, 188
Einlage tsumemono 170
einlegen *(Gang)* hairu 72; *(Film)* ireru 128
Einlegesohle (kutsu no) shikigawa 137
einlösen kogitte o genkinka suru 147, 148
Einmündung gōryūten 64
Einreibemittel nurigusuri, nankō 156
Einreise nyūkoku 39
Einreisevisum nyūkoku-sashō, nyūkoku-biza 39
einschalten tsukeru 185
Einschienenbahn monorēru 46
Einschiffung jōsen 57
einschließen fukumu, fukumeru 60
Einschreibebrief kakitome-yūbin 143
Einschreiben kakitome 142, 143, 146
einsetzen ireru 140
Einspritzpumpe kikaki, kyaburētā 72
einsteigen noru 53, 64
Einstieg jōsha-guchi 189
Eintopfgericht nabemono, yosenabe 104
Eintrittskarte nyūjō-ken 174, 183
Eintrittsgeld nyūjō-ryō 113
Ein- und Ausreisekarte shutsu-nyūkoku-kādo 38
Einwegfeuerzeug tsukaisute no raitā, hyaku-en-raitā 138
Einwickelstoff tsutsumigami 140
Einwurf *(Sport)* surō-in 179
einzahlen haraikomu, nyūkin suru
Einzahlung nyūkin 142
Einzel *(Sport)* shingurusu 181
Einzelkabine koshitsu 55
Einzelzimmer shinguru no heya 78
einziehen hairu 87
Eis kōri 24; *(Speiseeis)* aisu-kurīmu 106
Eisbahn sukēto-rinku 179
Eisbecher pafe 107
Eisbergsalat retasu 102
Eisenbahn tetsudō, densha 53

Hustenmittel sekidomegusuri 156
Hut bōshi 123, 131

I

ich watashi 13, 22, 34 *usw.*
Ihr, Ihre, Ihres anata no 13, 33
Ikebana ikebana 126
Illustrierte gurafu-zasshi, gurabiashi 127
Ikebana-Schule ikebana-gakkō 114
Imitation imitēshon 130, 141
impfen chūsha suru
Impfzeugnis shutō-shōmeisho 39
inbegriffen fukumete 79, 113
Industriegebiet kōgyōchitai 116
Infektion kansen, densen 165
Informatik konpyūtā-jōhōgaku 37
Informationsschalter infomēshon-sentā 42
Ingenieur gishi, enjiniya 34
Ingwer shōga 97
inhalieren kyūnyū suru 171
Injektion chūsha 157, 167, 170
Inlandsflug kokunai-*hikō(-bin, -furaito)* 44
Innenstadt chūshin-gai 116
innerhalb ... inai, ... nai; **~ Japans** nihon-kokunai 144
innerlich: ~ anzuwenden naifuku-yaku 155
Insasse *(Auto)* dōjōsha 70
Insassen-Unfallversicherung dōjōsha-hoken 60
Insektenmittel mushisasare no kusuri 156
Insel shima 57
insgesamt zenbu awasete 79
Installateur *(Elektro~)* haisenkō, denkiya 34; *(Rohrleger)* haikankō 34
Institut (daigaku no) kenkyūsho 37
Insulin inshurin 156
Inszenierung enshutsu 175
international kokusai- 90
interessant omoshiroi 21
Internist naika-i 158
Ischias zakotsushinkeitsū 165
Isolierung zetsuentai 73

J

ja hai 19
Jacht yotto 57
Jachthafen yotto-kō 57
Jacke uwagi, janpā 131
Jackenkleid ansanburu 131
Jakett jaketto 131
Jagd kari, hantingu 179
Jahr toshi, -nen; **dieses ~** kotoshi 32; **... Jahre alt** ... -sai 32
Jahrhundert seiki 114
Jamwurzel yamaimo 102
Januar ichigatsu 30
Japan nihon 38, 144
japanisch nihon no 61; *(Sprache)* nihongo 22
Japanologie *(Literatur)* nihonbungaku 37; *(Sprachwissenschaft)* nihongogaku 37
Jazz jazu 175
Japan-Rail-Pass japan-reiru-pasu 48
Japan-Papier hanshi 136
Jazzkonzert jazu-konsāto 175
Jeans jīpan, jīnzu 131
jederzeit itsu mo, itsu demo 29
jetzt ima 28, 29, 43, genzai 29
Jodtinktur yōdochinki 156
Jogging jogingu 179
Jogging-Anzug jogingu-sūtsu 131

Kratersee kakōko 116
Kräuter yakumi, kōryō 97
Krawatte nekutai 131
Krebs kani; *Med.* gan 166
Kreditkarte kurejitto-kādo 60, 61, 82
Kreisel koma 186
Kreiselschnecke sazae 101
Kreislauf kekkō 163
Kreislaufmittel kekkō-sokushinzai 156
Kreislaufstörungen kekkō-shōgai 166
Kreisverkehr rōtarī, kanjō-kōsaro 65
Kreuz jūji, jūjika 120; *(Karten)* kurabu 185
Kreuzfahrt yūran 57
Kreuzung kōsaten 63, 65
Kriminalpolizei keijikeisatsu 150
Krokette korokke 104
Krone kinkan 170
Kruzifix kirisuto-jūjika-zō 120
Kübel baketsu 87
Kubikmeter rippō-mētoru 190
Küche daidokoro, chōriba 87; *(Speise)* ryōri 77, 96; **westliche ~** seiyō-ryōri, yōshoku 96; **japanische ~** washoku, nihon-ryōri 96; **chinesische ~** chūka-ryōri 96
Kuchen o-kashi 110
Kuchenbrot kashipan 107
Kugelfisch fugu 100
Kugelschreiber bōrupen 136
Kugelstoßen hōgan'nage 179
Kühlbox aisu-bokkusu 91
Kühler reikyakuki, rajiētā 73
Kühlschrank reizōko 87
Kühlwasser reikyakusui 67
Kult reihai 120
Kulturtag bunka no hi 31
Kulturzentrum bunka-sentā 111
Kunstakademie geijutsu-daigaku, bijutsu-daigaku 37
Kunstgalerie garō 116
Kunstgeschichte bijutsushi, geijutsushi 37
Kunstgewerbeschule kōgeigakkō 37
Kunsthandlung kōgeihinten 122
Künstler geijutsuka 35
Kunstmaler gaka 35
Kunststoff kagaku-sen'i, gōsen, kasen 132
Kupplung kuratchi 73
Kupplungspedal kuratchi-pedaru 73
Kur ryōyō 171
Kürbis kabocha 98, 102
Kurort tōjiba, hoyōchi 171
Kurs kōsu 57
Kursbuch jikokuhyō 53
Kurswagen chokutsū-sharyō 46
Kurve kābu 65
kurvenreich kābu no ōi 63
kurz mijikai 130, 151, 153
Kurzschluß shōto 73
kurzsichtig kingan 135
Kurzstreckenlauf tankyori 179
Kurzwelle tanpa 185
Kuß kisu 188
küssen kisu o suru 188
Küste kaigan 57
Küstengebiet kaiganchihō 57

L

Lachs sake 101
Lackware nurimono 122, urushiseihin 141, nuri-seihin 140, 141
Laden mise 116
Ladenpassage ākēdo 87
Lähmung mahi, fuzui, chūfū 166

Liga maku 182
lila fuji-iro no 191
Linie rosen 59, sen 53, 59
Linienmaschine teikibin 41
links hidari 63, 72, 153
Lippe kuchibiru 163
Lippenstift kuchibeni 139
Liste risto 77
Liter rittoru 67, 190
Live-Übertragung jikkyō-hōsō, raibu-hōsō 185
Locken kāru 154
Lockenwickler kārā 139, 151
Löffel supūn 93
Lokomotive kikansha 53
Lorbeerblätter gekkeiju no ha 97
Lotse mizusaki-an'nai'nin 57
Luft kūki 24
Lotuswurzel renkon 98
Luftdruck kiatsu 24
Luftfeuchtigkeit shitsudo 24
Luftfracht eā-kāgo, kōkūbin 44
Luftkissenboot hōbā-kurafuto 54, 57
Luftkrankheit hikōkiyoi 43
Luftkurort tenchiryōyōchi 171
Luftmatratze eāmatto 183
Luftpost kōkūbin 144, 146
Luftpostbrief kōkūbin 143
Luftpumpe kūki-ponpu 76
Luftröhre kikan 163
Lufttemperatur kion 183
Lüftung kankisen 87
Lunchpaket o-bentō 53, 82
Lunge hai 163
Lungenentzündung haien 166
Lupe mushimegane, rūpe 135

M

Magen i 159, 163; **auf nüchternen ~** chōshoku mae ni fukuyō 155
Magengeschwür ikaiyō 166
Magenschmerzen itsū 166
Magentabletten i no kusuri 156
mager yaseta; *(Fleisch)* shibō no sukunai 96
Mah-Jongg mājan 185
Mah-Jongg-Spielhalle jansō, mājanya 185
Mahlzeit shokuji 87
Mai gogatsu 30, 32, 42
Makkaroni makaroni 104
Makkaroni-Auflauf makaroni-guratan 101
Makrele saba 101
Makrelenhecht sanma 101
Malaria marariya 166
Maler *(Handwerker)* penkiya 35; *(Kunstmaler)* gaka 35
Malerei kaiga 37
Malfarben enogu 136
manchmal tokidoki 29
Mandarine mikan 105
Mandeln āmondo 105; *Med.* hentōsen 163
Mandelentzündung hentōsen-en166
Manege engi-jō, sutēji 186
Maniküre *Pers.* manikyua-shi 154; manikyua 152, 154
Mann otoko; *(eigener Ehe~)* otto 13; *(~ e-r anderen)* go-shujin 13
Mannschaft *(Schiff)* norikumiin 58; *(Flugzeug)* kurū; *(Sport)* chīmu, senshudan
Manschettenknöpfe kafusubotan 130
Mantel kōto, manto 131
Markt ichiba 116

N

V

Zu diesem Sprachführer ist auch eine

Begleit-Cassette

erhältlich, die in der Reihenfolge

Deutsche Wendung –
Wendung in der Fremdsprache –
Pause zum Nachsprechen

das Wichtigste (etwa 400 Wendungen und Wörter) zum Hören und Üben enthält.

Die Begleit-Cassette eignet sich zum Studium vor dem Urlaub, zum Hineinhören in die fremde Sprache sowie zum Üben unterwegs.

Für Ihre nächste Reise empfehlen wir Ihnen

Langenscheidts Reise-Set

mit einem Sprachführer und einer Begleit-Cassette.

Das Reise-Set und die einzelne Begleit-Cassette gibt es für die Sprachen

Ägyptisch-Arabisch
Arabisch
Chinesisch
Dänisch
Englisch
Finnisch
Französisch
Hebräisch
Indonesisch
Italienisch
Japanisch
Koreanisch
Neugriechisch
Niederländisch
Norwegisch
Polnisch
Portugiesisch
Rumänisch
Russisch
Schwedisch
Serbokroatisch
Spanisch
Tschechisch
Türkisch
Ungarisch